François Rivière
présente

W0237771

FEMMES FATALES

Anthologie de nouvelles policières victoriennes

ÉDITIONS DU MASQUE
17, rue Jacob 75006 Paris

À Pierrette Rosset

Préface

PIONNIÈRES DU NOIR

Depuis toujours elles veillent, le regard fixe, inquiétant, nous retenant prisonniers entre leurs doigts glacés. Elles agitent les grelots de leur folie rédemptrice puis, sans prévenir, nous relâchent, nous contemplant d'un œil torve tandis que nous tentons d'échapper au marécage de notre angoisse pour atteindre enfin aux rivages de la nuit. Elles ne connaissent que trop bien nos peurs d'enfant délicat et s'en amusent, sourdes à nos appels... Ces marâtres laisseront à d'autres le soin de nous consoler au sortir du terrifiant tunnel de la mort où notre candeur et leur savoir-faire nous ont conduits sans détour. Ces gorgones ont su capter sans mal notre absolue confiance et nous détourner du chemin compassé des fictions rassurantes : des sentiers buissonniers nous ont menés vers elles, et le murmure de leur voix lointaine, envoûtante, a fait le reste...

La toile de fond de leur magie éprouvée est presque toujours la même : un paysage verdâtre, bleu nuit et ocre à la Arnold Böcklin. De l'obscurité palpitante naît la silhouette d'un château gothique ou d'une villa maniériste bâtie sur le haut d'une falaise, sous des nuées blanchâtres affectant la forme d'un dragon de légende. Des plaintes s'élèvent au cœur d'un drame latent qui nous excite – quelque jeune fille emmurée, sans doute... Le château, blotti au cœur des Pyrénées, abrite les personnages nés de l'imagination de la jeune Ann Radcliffe, nièce d'un célèbre porcelainier londonien associé de Wedgwood et amoureuse de cet homme cultivé qui l'a recueillie puis éduquée dans la tradition rousseauiste. Son amour impossible pour l'oncle Bentley est certainement à l'origine d'une vocation d'écrivain portée aux tourments excessifs de l'âme au cœur d'un XVIIIe siècle qui ne fait guère de cadeaux aux femmes tentées de s'émanciper par la voie de l'art. Mrs Radcliffe alors se retire du monde et entreprend de créer sa propre forme de fiction, noire, frénétique, zébrée d'éclairs aveuglants et de sévices atroces pour celles qui, dans ses livres, la représentent au plus fort de sa crise. Par jeu, par désespoir aussi, elle tresse le titre de son premier roman, *Les Châteaux d'Athline et de Dunbayne*, de l'anagramme du nom chéri de son oncle, puis s'avance résolument sur les chemins d'une aventure sans pareille. Ann Radcliffe (1764-1823) est l'ancêtre véritable de la Gothic Romance. Ou, si vous préférez, du roman d'épouvante et de suspense, flirtant avec le fantastique à la façon de celui qui la précéda, mais sur un mode esthétisant qui en fait un îlot spécifique, le Horace Walpole du *Château d'Otrante*. Rapprochons-les tous deux pour la photo de groupe, dans l'éblouissement du plus puissant orage jamais déclenché par l'imagination des êtres trop sensibles, d'une autre femme, Clara Reeve. Cette fille de pasteur anglican, ayant elle aussi goûté aux délices d'Otrante et du médiévisme *camp* de son auteur, ne s'en remettra qu'en écrivant à son tour, en 1778, *Le Vieux Baron anglais*, précisant avec un humour que ne désavouerait pas aujourd'hui une

Joyce Carol Oates : « Un revenant, si on veut l'introduire comme ressort dans un roman, devrait se conduire comme un revenant de maintien sobre, se soumettant aux règles ordinaires observées dans les fermes et les manoirs et qui limitent l'action des créatures de cette sorte. » Rappelons que, de son côté, Mme du Deffand, la confidente de Walpole, aimait à dire : « Je ne crois pas aux fantômes, mais j'en ai peur. » Ces dames, en vérité, préfèrent se soumettre au diktat impérieux de leurs fantasmes plutôt que de s'abandonner à une évaluation du monde qui les entoure et ne leur permet guère de s'épanouir. Les tourments de leurs héroïnes évoqués dans l'ivresse d'une écriture débridée les libèrent de leurs propres malheurs, les propulsent vers un monde de fiction qui survit encore aujourd'hui par la grâce malicieuse et gourmande d'une permanente adaptation de la forme gothique au lectorat qui s'en repaît.

L'ampleur d'un phénomène littéraire qui traverse allégrement le XIXe siècle pour s'engouffrer sur le marché de la fiction de grande consommation au siècle suivant, mériterait d'être évoquée en détail. Concentrons-nous pour l'heure sur son essor à travers cette région du monde occidental qui lui aura été particulièrement propice : l'Angleterre victorienne, et, singulièrement, le grand labyrinthe de Londres à l'intérieur duquel, de façon quasi magique, la littérature de mystère a connu son épanouissement le plus singulier, le plus attachant à nos yeux. Considérées, on se demande bien pourquoi, comme des « voix mineures » par certains spécialistes du genre policier, les romancières victoriennes ayant œuvré dans la veine innovée par Ann Radcliffe et Clara Reeve continuent à pâtir de la concurrence masculine. En leur temps, Wilkie Collins ou le très oublié Hall Caine ne seront assurément pas les seules vedettes du roman grand public : il leur faudra partager la gloire des tirages colossaux avec un trio féminin nullement intimidé, en vérité, par la renommée de ces monstres sacrés du feuilleton populaire. Car elles aussi, tout comme l'auteur de *La Femme en blanc* ou celui du *Bouc émissaire*, peuvent se repaître des faveurs d'un public totalement envoûté par les intrigues nées d'imaginaires soutenant la comparaison avec ceux de leurs confrères et néanmoins rivaux. Elles ont pour noms Mary Elizabeth Braddon et Mrs Henry Wood, ou encore Mrs J. H. Riddell, cette dernière se spécialisant dans le roman fantastique, et leurs patronymes s'imposent avec autorité aux frontons des magazines les plus en vue de la capitale anglaise. La plus intrépide d'entre elles, Mrs Braddon (1835-1915), vient même au secours de son éditeur de mari, John Maxwell, en sauvant son hebdomadaire du désastre grâce à la publication de son premier grand roman, *Le Secret de Lady Audley*. Ce roman bientôt culte, paru en octobre 1862, sera aussi l'un des plus fabuleux best-sellers de l'ère victorienne, à égalité avec *Les Mystères d'East Lynne* de Mrs Henry Wood (née Ellen Price, 1814-1887), sorti un an plus tôt et dont plus de deux millions d'exemplaires s'arracheront jusqu'en 1900. Mrs Wood a sur ses consœurs l'avantage d'avoir fait également les beaux soirs de la scène théâtrale : *East Lynne* dont Somerset Maugham écrivait : « j'imagine que les déboires de son héroïne firent couler assez de larmes pour mettre à l'eau un navire de guerre », devient en effet à partir de novembre 1864, dans l'adaptation du grand William Archer, l'un des thrillers à succès du West End. Quinze autres versions viendront confirmer, jusqu'en 1964, la vitalité d'une dramaturgie du mystère qui ne connaîtra en vérité d'autre rivale que *La Souricière* d'Agatha Christie. Mrs Wood avait plus d'une corde à son arc puisque, non contente d'établir son empire dans le domaine nullement surpeuplé du roman d'intrigue criminelle, la voici qui, vers la fin de sa vie, crée le personnage de Johnny Ludlow qui apparaîtra dans plusieurs recueils de nouvelles souvent fort longues, telle *La Boîte d'ébène*, parue en 1890. Ce détective d'un genre particulier est assez proche du « vieil homme dans le coin » de la prolifique baronne Emmuska Orczy (1865-1947) reconnue encore de nos jours pour les exploits de son *Mouron rouge*. Comme ce détective « en chambre », que les amateurs éclairés retrouveront avec plaisir dans l'affaire de *L'Assassinat de Miss Pebmarsh*, le héros de Mrs Wood observe les agissements des acteurs d'événements mystérieux qu'il relate ensuite sous forme de chroniques. La série Johnny Ludlow montre bien le prodigieux écart existant entre le mélodrame typique de l'auteur de *La Gloire des Verner* et de *Roland Yorke* et une forme résolument moderne de pur suspense à la Alfred Hitchcock.

L'œuvre abondante de Mary Elizabeth Braddon, dont les lecteurs de la collection LABYRINTHES ont pu découvrir quelques spécimens, s'inscrit dans une tradition désormais assumée par des romancières comme Ruth Rendell lorsque celle-ci use du pseudonyme de Barbara Vine pour produire ces authentiques chefs-d'œuvre que sont *Le Tapis du roi Salomon* ou *Le Journal d'Asta*. Secrets de famille et tortueux détours par les plus noirs domaines de la psyché humaine se combinent pour tenir en haleine les amateurs d'histoires ne relevant pas seulement du jeu de la déduction. Mais pareille en cela à l'auteur de *L'Analphabète*, Mrs Braddon est aussi très à son aise dans l'art de la nouvelle. En témoignent les textes contenus dans un recueil paru en France sous le titre *L'Intendant Ralph*. Ainsi, *Le Fantôme de Fernwood*, dont la trame inquiétante aurait pu servir de scénario d'ambiance à l'un des maîtres du film noir américain des années 1940...

Ce goût pour l'infinie terreur psychologique chère à Mrs Radcliffe se retrouve dans l'œuvre bien méconnue de Dorothea Gerard (née Mrs Longard de Longarde, 1855-1915) qui, dans un texte bref mais saisissant, *Mon Cauchemar*, publié en 1892 dans le recueil intitulé *On The Way Through*, distille un effroi calculé dont on retrouvera l'écho, de l'autre côté de l'Atlantique, dans certains des meilleurs romans de Mary Roberts Rinehart tels *L'Escalier en colimaçon* ou *La Lampe rouge*. Comme elle, Georgina C. Clark, dans *Condamnée à vie*, dont la date de publication originale a disparu de tous les registres, établit un lien fascinant entre deux époques, celle du gothique originel et celle du suspense psychologique féminin magistralement orchestré, au siècle dernier, par Daphne du Maurier ou l'auteur des *Fileuses de lune*, la trop négligée Mary Stewart.

Mais l'époque victorienne a aussi vu apparaître, dans les colonnes de publications concurrentes du célèbre *Strand Magazine* dont les enquêtes de Sherlock Holmes firent les beaux jours, d'authentiques « rivaux » du Grand Détective. Ainsi la Loveday Brooke créée par Catherine L. Pirkis (1839-1910) pour le *Ludgate Magazine* en mai 1893, une femme détective préfigurant tout à la fois Miss Marple, la Cordelia Gray de P. D. James et Kay Scarpetta... Avec beaucoup d'humour et de vivacité, Miss Pirkis a fait de l'héroïne d'*Un sac noir sur le seuil* une enquêtrice dont les exploits furent publiés dans le recueil intitulé

Les Expériences de Loveday Brooke, au terme d'une œuvre féconde elle aussi occultée par l'arrivée en force de la horde plutôt masculine d'auteurs de Detective Novel. Mais ceci, disait Kipling, est une autre histoire...

François Rivière

LA BOÎTE D'ÉBÈNE

Mrs Henry Wood

1

Je vous ai déjà parlé, dans une ou deux de mes précédentes chroniques, de « Maître Cockermuth », comme l'appelaient ses concitoyens de Worcester. Je vais à présent vous conter une histoire qui est arrivée à sa famille ; c'est une histoire vraie, je n'ai rien inventé.

Me Cockermuth résidait dans une maison de Foregate Street. Il y avait également établi son cabinet d'avocat, où il exerçait depuis de longues années ; il n'était pas marié, mais sa sœur vivait avec lui. Le nom de baptême de cette dernière était Betty ; en ce temps-là, c'était un prénom bien plus courant qu'à notre époque. Cockermuth avait aussi un frère cadet dénommé Charles. Ils étaient tous deux grands et maigres, avec des bras et des jambes tout en longueur. John, l'avocat, était toujours aimable et souriant ; Charles était bel homme, mais il avait un tempérament assez irascible.

Il avait autrefois servi dans la milice, aussi continuait-on à l'appeler « Capitaine Cockermuth ». À seulement vingt et un ans, Charles avait épousé une jeune dame pourvue d'une jolie fortune. Comme il disposait de son côté d'un petit revenu personnel, il décida d'abandonner le droit, carrière à laquelle toute son éducation le destinait, pour mener une vie oisive de gentleman, dans une charmante petite villa située dans la proche banlieue de Worcester. Sa femme décéda quelques années plus tard, lui laissant un enfant, un garçon prénommé Philip.

À la fin de ses études, Philip partit vivre chez son oncle avocat, Me Cockermuth, qui le prit en stage au cabinet. Le capitaine Cockermuth – qui n'était point casanier et n'aimait rien tant que changer d'horizon – abandonna sa villa pour voyager. Philip Cockermuth était un brave garçon, sérieux et travailleur, aussi son généreux père lui octroyait-il de l'argent de poche, à raison d'une guinée par semaine. Chaque lundi matin, Me Cockermuth remettait donc – de la part de son frère – une guinée d'or à Philip : c'était la monnaie qui avait cours à l'époque. Philip dépensait la majeure partie de cet argent en livres, mais il en mettait aussi un peu de côté. Lorsqu'il atteignit sa majorité, la petite boîte ronde en bois d'ébène sculpté où il déposait ses économies contenait soixante guinées d'or.

— Qu'allez-vous faire de tout cet argent, Philip ? lui demanda Miss Cockermuth, lorsqu'il lui montra la boîte qu'il était allé chercher dans sa chambre.

— Je ne sais pas encore, tante Betty, dit Philip en riant. C'est mon trésor de guerre.

Il retourna dans sa chambre avec la précieuse boîte noire – elle était pleine comme un œuf, avec les soixante guinées – et la rangea dans l'un des petits casiers du vieux secrétaire qui lui servait de bureau, là où il la remisait toujours. Puis il ferma le secrétaire à clé, comme à son habitude. Par la suite, Philip déposa ses économies, auxquelles s'ajoutait désormais son salaire, à l'Old Bank ; pas une fois il ne rouvrit le casier contenant la boîte en bois d'ébène pleine d'or, n'ayant aucune raison de craindre qu'elle ne fût pas en sécurité dans sa cachette. À l'occasion de son mariage, quelques années plus tard, il annonça en riant à sa tante Betty qu'il savait enfin quoi faire de sa boîte pleine de guinées ! Il monta donc la chercher. Mais la boîte n'était plus là.

Quelle ne fut pas sa consternation ! Toute la famille se précipita à l'étage. L'avocat, Miss Betty et le capitaine – qui était revenu à Worcester pour le mariage et logeait chez eux –, tous tâtèrent, l'un après l'autre, les profondeurs obscures des petits casiers, rien ! Le capitaine, avec son bouillant caractère, se répandit en jurons pour exprimer sa contrariété ; Miss Betty fondit en larmes ; Me Cockermuth, toujours calme et jovial, haussait les épaules et s'efforçait de plaisanter. Aucun d'entre eux ne parvenait à imaginer comment la boîte avait pu se volatiliser, ni qui avait pu la prendre, et cette mauvaise surprise resta donc sans explication.

Le lendemain, Philip se maria et quitta définitivement la demeure de son oncle pour emménager dans sa propre maison, allée Barbourne. Le capitaine Cockermuth, très fâché que la boîte eût disparu, répandit la nouvelle dans toute la ville de Worcester, jurant d'expédier le voleur à Botany Bay, si jamais il attrapait ce gredin.

Quelques années plus tard, le pauvre Philip tomba gravement malade. Il souffrait du même mal qui avait emporté sa mère, la phtisie. Apprenant que son fils était alité, le capitaine Cockermuth, en voyage comme à son habitude, rentra en toute hâte à Worcester et s'installa chez son frère, qui l'hébergeait à chacune de ses visites. La maladie progressait à toute vitesse ; c'était ce que l'on appelait une « phtisie galopante ». Le capitaine fit quérir tous les médecins renommés de la ville – qui pour la plupart, s'étaient déjà succédé au chevet du malade –, mais le cas était désespéré.

La veille de la mort de Philip, son père reparla de la boîte de guinées avec lui. Le capitaine restait persuadé que Philip avait, ou aurait dû avoir, une petite idée sur ce qui était advenu de ses économies. Il lui reposa donc la question, solennellement, une dernière fois.

— Père, répondit le moribond – qui jusqu'à son dernier souffle conserva tous ses esprits et l'usage de la parole –, j'affirme que je n'en ai pas la moindre idée. Je ne m'explique toujours pas la disparition de cette boîte et ne sais même pas qui soupçonner, qu'il s'agisse des morts ou des vivants. Les deux domestiques étaient honnêtes, jamais elles n'y auraient touché ; quant aux clercs, ils n'avaient pas accès à l'étage. J'ai toujours gardé la clé sur moi, et vous savez que personne n'a forcé la serrure, puisque nous l'avons trouvée intacte.

Le pauvre Philip mourut. Sa veuve et ses quatre enfants partirent vivre dans un joli cottage de Malvern Link – avec une rente de cent livres par an versée par le beau-père, à laquelle Me Cockermuth ajouta près d'une autre centaine de livres. Ces détails réglés, le capitaine Cockermuth reprit ses pérégrinations, s'estimant heureux, après avoir été si cruellement frappé par le destin, de ne perdre qu'un peu moins de la moitié de sa rente. D'autres années passèrent...

Tout ceci n'est qu'un préambule à l'histoire qui va suivre. Toutefois, il convenait de le faire.

Mr et Mrs Jacobson, nos voisins à Dyke Manor, avaient une ribambelle de neveux, tant du côté de leurs frères que de leurs sœurs, sans compter les nièces. Les habitants d'Elm Farm, n'ayant pas d'enfants, accueillaient donc souvent des contingents de neveux et de nièces, qui débarquaient à tour de rôle tout au long de l'année. D'entre tous leurs neveux, Samson Dene était leur préféré ; sa mère, la sœur de Mr Jacobson, était veuve. Le garçon avait pour nom de baptême Samson Reginald Dene, mais tout le monde l'appelait « Sam ». Ayant fait son droit, il entra en stage chez le notaire qui avait repris l'étude de son père dans un village de l'Oxfordshire, avant d'aller passer un an dans un cabinet de Londres. Son diplôme en poche, Sam retourna chez son oncle à Elm Farm et lui demanda conseil pour la suite. Il faut savoir qu'à la mort de son beau-frère, Mr Jacobson avait pris à sa charge toutes les dépenses de Sam, l'aîné.

— Alors, comme ça, vous vous demandez à quoi occuper votre temps ? s'exclama le vieux Jacobson.

Il fumait sa pipe du soir, près du feu ronflant que l'on avait allumé dans la splendide salle à manger, plongée dans la pénombre en cette soirée de février. C'était un homme grand et corpulent, au teint frais et rose, qui respirait la santé ; il approchait pourtant de la soixantaine.

— Eh bien, qu'aimeriez-vous faire ? demanda l'oncle. Comment voyez-vous votre avenir, Sam ?

— Je souhaiterais ouvrir mon propre cabinet, mon oncle.

— Oh, vraiment ? Et en quelle région du globe, dites-moi ?

— À Worcester. J'ai toujours rêvé d'exercer à Worcester. C'est la ville des assises. Les petites villes insignifiantes ne m'intéressent guère : on ne peut pas y faire carrière.

— Vous voudriez donc vous établir ici immédiatement et devenir un avocat renommé ? C'est bien là votre idée, Sam ?

Sam ne répondit pas. Il devinait bien, au ton railleur de son oncle, que ce dernier n'approuvait pas son projet.

— Non, mon garçon ! Quand vous aurez travaillé encore un an ou deux dans un bon cabinet d'avocat, vous pourrez peut-être songer à ouvrir le vôtre. Rien ne vous empêchera alors de l'ouvrir à Worcester, si vous le souhaitez.

— J'ai bientôt vingt-trois ans, oncle Jacobson. Mes connaissances en droit sont plus que suffisantes.

— Et vous estimez, je suppose, avoir déjà fait vos preuves ? rétorqua le vieux Jacobson.

Sam devint rouge comme une pivoine. C'était un jeune homme mince, de taille moyenne, à la mine franche. Il avait de beaux cheveux blonds et bouclés, presque de la couleur de l'or ; il les portait un peu longs, mais cela restait parfaitement décent. La mode d'aujourd'hui – qui veut que l'on arbore une coupe de bagnard en prétendant trouver la chose seyante – n'était point du goût des messieurs de l'époque.

— Vous avez peut-être beaucoup appris à Londres, Sam ; je l'espère bien. Vous connaissez le droit, soit ; mais vous vous asseyez dessus lorsque cela vous arrange ! Prenez par exemple toutes ces sommes d'argent que vous avez extorquées à votre mère...

Sam vira cette fois à l'écarlate.

— Elle vous en a parlé, mon oncle ? demanda-t-il d'une petite voix.

— Non, elle chérit tellement son ingrat de fils qu'elle n'oserait pas le trahir. Je l'ai appris par hasard.

— C'est qu'il faut beaucoup d'argent pour vivre à Londres, marmonna piteusement Sam en guise d'excuse.

— Comme vous dites ! De mon temps, monsieur, un jeune homme réglait ses dépenses selon ses moyens. On ne s'amusait point à dilapider son argent au jeu, pour aller ensuite implorer l'aide de son père ou de sa mère. Ce dont vous ne vous êtes pas privé, mon jeune ami.

— Est-ce que ma tante est au courant ? s'exclama Sam, effaré, en entendant un bruit de pas dans l'escalier.

— Non, je ne lui ai rien dit, répondit Mr Jacobson, tendant lui aussi l'oreille. N'ayez crainte, elle est allée dans la cuisine. Alors, dites-moi, Sam, à combien vos dettes à Londres se montent-elles ?

Sam suffoqua. Il ne se rendait pas compte que son oncle posait cette question à tout hasard, pour lui tirer les vers du nez. Le pauvre garçon se disait que pareille clairvoyance tenait du prodige.

— Mes... mes dettes à Londres ? bégaya-t-il.

— Oui. C'est ce que je vous demande. À combien s'élèvent-elles ? Et vous avez intérêt à me répondre. Inutile de jouer au plus fin avec moi. Allons ! Videz votre sac.

— Cinquante livres suffiraient à tout couvrir, monsieur, avoua Sam, désespéré.

— Je veux la vérité, Sam.

— C'est la vérité, mon oncle. J'ai fait mes comptes avant de quitter Londres ; cela représente en tout un peu moins de cinquante livres.

— Quelle espèce de petit scélérat êtes-vous, pour vous être autant endetté ?

— Non, répondit Sam d'une voix misérable, non, je ne suis pas un scélérat, n'allez pas imaginer des choses. Seulement, à Londres, on dépense des sommes incroyables, sans même s'en apercevoir. Oncle Jacobson, vous n'allez peut-être pas me croire, mais avant d'avoir calculé le total, je n'imaginais pas en avoir pour plus de vingt livres, au maximum.

— Mais voilà, vous avez eu la mauvaise surprise de découvrir que cela s'élevait à cinquante ! Comment pensez-vous payer cette somme ?

— J'ai l'intention de verser des traites échelonnées, selon mes possibilités, jusqu'à tout rembourser.

— Sauf qu'au lieu d'éponger votre dette, vous ne réussirez qu'à vous endetter davantage, une fois à Worcester – si c'est bien à Worcester que vous comptez travailler.

— J'espère bien que non, mon oncle. Je ferai attention. Plus question de m'endetter, je serai sérieux.

Mr Jacobson bourra de nouveau sa pipe et l'alluma avec un brandon de l'âtre. Il ne doutait pas des bonnes intentions de son neveu ; il doutait seulement de sa volonté.

— Vous commencerez par travailler deux ans dans le cabinet d'un avocat de Worcester, Sam. Ensuite, nous aviserons, déclara l'oncle. En attendant, je réglerai moi-même vos dettes, à condition que vous me promettiez de ne plus jamais recommencer ce genre de bêtise. Allons, n'en parlons plus ! dit-il, intimant le silence à son neveu, qui lui jetait un regard éperdu de reconnaissance. Voici venir votre tante.

Sam ouvrit la porte à Mrs Jacobson. C'était un petit bout de femme au visage affable et encadré de bouclettes argentées aplaties sous un bonnet de dentelle blanche. Elle portait une petite corbeille à ouvrage garnie de soie bleue, qui contenait son nécessaire à tricoter.

— Je suis allée dans votre chambre, mon chéri, pour m'assurer que vous seriez confortablement installé, dit-elle à Sam en s'asseyant à la table près des chandelles. On ne peut pas encore faire totalement confiance à notre nouvelle bonne. Je suppose que vous parliez avec votre oncle des merveilles de Londres ?

— Oh ! mais pas seulement, l'interrompit le vieux Jacobson d'un ton bourru. Figurez-vous que monsieur voulait ouvrir son propre cabinet à Worcester. Oui, il voulait se lancer comme ça, du jour au lendemain !

— Allons bon ! dit Mrs Jacobson.

— Voilà ce que ce garçon prétendait faire, vous vous rendez compte ! Non. Encore une année ou deux de travail dans une bonne maison, le temps d'acquérir compétence et expérience, et alors, on en reparlera. Cela vaut mieux pour vous, Sam ; faites-moi confiance.

— Peut-être bien, mon oncle.

Cela ne servait à rien de le contredire, Sam n'avait rien à y gagner. Mais il était très déçu.

Le lendemain, Mr Jacobson vint à pied à Dyke Manor pour demander au squire[1] quel était selon lui le meilleur avocat chez qui l'on pourrait placer Sam, tout en lui laissant entendre qu'il avait déjà songé à leur vieil ami commun, Cockermuth. Mr Jacobson lui expliqua que Sam avait commis quelques frasques – c'est le terme qu'il employa – dans ce lieu de perdition qu'était Londres, que le jeune homme était tombé dans tous les pièges tendus par la capitale et y avait dilapidé son argent. Le squire l'écouta avec l'affectueuse bienveillance dont il était coutumier et approuva totalement son choix, admettant qu'on ne

1. Titre désignant le châtelain des lieux, propriétaire des terres. Il s'agit ici du squire Todhetley, chez qui vit le narrateur, Johnny Ludlow. *(NdlT)*

saurait trouver meilleur juriste pour former Sam que John Cockermuth.

John Cockermuth y consentit bien volontiers. Il commençait à se faire vieux, mais il était plus actif que jamais, sauf lorsqu'il souffrait d'une crise de goutte. Il accueillit le jeune Dene avec sa cordialité habituelle lorsque celui-ci se présenta au cabinet, à la date convenue pour sa première journée de travail, et lui assigna une place dans le bureau, à côté de Mr Parslet. Parslet travaillait là depuis plus de vingt ans ; sur tous les dossiers qu'on lui confiait, il était pour ainsi dire comme un poisson dans l'eau, mais il n'était pas diplômé en droit. Samson Dene, lui, l'était, et pouvait donc représenter Me Cockermuth devant les magistrats et tribunaux, ce dont le vieil avocat entendait bien profiter.

— Où allez-vous habiter ? demanda-t-il à Sam ce matin-là.

— Je ne sais pas encore, Maître. Mr et Mrs Jacobson sont restés en ville ce matin afin de trouver un logement pour moi. Évidemment, ils ne veulent pas me laisser en chercher un moi-même ; ils craignent que je ne me fasse rouler.

— Rouler et plumer, fit l'avocat en éclatant de rire. Mais peut-être Mr Parslet acceptera-t-il de vous prendre comme locataire. Qu'en dites-vous, Parslet ?

Mr Parslet leva les yeux de sa table de travail, et ses joues creuses s'empourprèrent. C'était un petit homme frêle, aux cheveux d'un brun terne, dont le visage et les doux yeux noirs étaient empreints d'une sorte de résignation triste.

Mr Parslet était de ce genre d'hommes dont on dit qu'ils ont gâché leur vie. Orphelin très jeune, il avait été élevé par un oncle célibataire, modeste chanoine à la cathédrale, qui avait peut-être manqué d'autorité en s'efforçant de remplir son devoir d'éducation. Le jeune Parslet n'aimait point qu'on lui dictât sa conduite, et sa conduite était loin d'être exemplaire. Incapable de garder un emploi, il essayait tel ou tel travail, puis le laissait rapidement tomber pour un autre ; ou bien les gens se lassaient de lui, ou c'était lui qui se lassait d'eux. L'argent – quand il en avait – lui brûlait les doigts, et bientôt on ne le vit plus porter que des manteaux élimés et des bottes crottées. « Pauvre Jamie Parslet ! Il est vraiment en train de gâcher sa vie », disaient les gens de la ville en secouant la tête avec commisération. Parslet persista de la sorte jusqu'à l'âge de trente ans environ. C'est alors qu'à la stupéfaction générale, Jamie se rangea. Il fut embauché par l'avocat Cockermuth comme clerc secrétaire à vingt shillings la semaine, se maria et devint la probité personnifiée. Dès lors, il ne s'écarta plus du droit chemin ; il gagnait désormais quarante shillings par semaine au lieu de vingt, se montrait plus humble et plus soumis que jamais, comme pour expier le passé, comme si le regret d'avoir raté sa vie ne cessait de le ronger. Il habitait Edgar Street, rue située, comme chacun sait, tout près de la cathédrale, dans le prolongement d'Edgar Tower. Un vieux monsieur attaché à la cathédrale avait logé chez lui durant dix ans, occupant le petit salon à l'étage ; l'homme était décédé récemment, d'où la suggestion de Me Cockermuth.

Mr Parslet leva les yeux.

— J'en serais ravi, Maître, répondit-il. Mais il faut que Mr Dene trouve les lieux à son goût. Peut-être aimerait-il les visiter ?

— Certainement, répondit Sam. Si toutefois mon oncle et ma tante ne m'ont pas déjà trouvé un logement.

Existerait-il une sorte de puissance mystérieuse, capable d'influer sur les événements à notre insu ? Curieusement, Mr et Mrs Jacobson étaient en train de visiter le meublé en question au moment même. Ayant conduit Sam à Worcester très tôt dans la matinée, ils avaient toute la journée devant eux. Ils prirent leur petit déjeuner dans une auberge et, songeant que si belle occasion ne se représenterait pas de sitôt, en profitèrent pour se faufiler à l'intérieur de la cathédrale et assister à la très belle messe de dix heures. En sortant par l'allée du cloître à la fin de l'office, ils poursuivirent leur chemin dans Edgar Street, où Mrs Jacobson aperçut à une fenêtre un écriteau sur lequel était écrit MEUBLÉ À LOUER.

— Voilà qui serait bien pour Sam ! lança-t-elle à son époux. Edgar Street est une belle rue, large, aérée et tranquille. Et si nous allions jeter un œil ?

Une jeune servante, que sa maîtresse appelait « Sally », leur ouvrit la porte. Mrs Parslet, une femme énergique et pleine de vivacité, aussi volubile que courtoise, sortit du salon pour conduire les visiteurs à l'étage. L'appartement et Mrs Parslet leur plurent ; le modeste loyer exigé leur plut également, car en ce temps-là, dans nos provinces, les gens respectables n'aimaient point déshabiller Paul pour habiller Jacques ; et lorsqu'ils apprirent que le maître des lieux était clerc chez Mᵉ Cockermuth depuis vingt ans, ils conclurent l'affaire sur-le-champ, sans même juger bon de consulter Sam. Mrs Jacobson continuait de considérer son neveu comme un petit garçon. Mr Jacobson aurait eu la même attitude que sa femme, n'eussent été les dettes accumulées par Sam à Londres.

Tout ce long exposé, me direz-vous, a davantage retardé l'entrée dans le vif du sujet ; mais je ne pouvais faire autrement. La véritable histoire commence maintenant, avec l'arrivée de Sam Dene au cabinet de Me Cockermuth et son installation à son nouveau domicile d'Edgar Street.

Le premier dimanche qui suivit, Sam sortit pour assister à l'office du matin, se félicitant d'habiter à deux pas de la cathédrale. Il faut bien l'avouer, le jeune homme avait un peu l'allure d'un dandy avec son petit bouquet de violettes piqué sur le devant de son manteau, la mode des « boutonnières » étant encore inédite à l'époque. Le service commença par les litanies, puisque le tout premier office du matin était à huit heures. Cette journée-là, Sam Dene ne l'a pas oubliée, et il ne l'oubliera jamais, croyez-moi, car celui dont je vous parle n'est pas un personnage imaginaire. Le révérend Allen Wheeler chantait, et le prébendier en résidence – Somers Cock – prêchait. Tout en se demandant quand allait se terminer le sermon – un très beau sermon cependant –, qu'il trouvait ennuyeux à mourir comme tous les jeunes gens de son âge, Sam, dont le regard errait, remarqua une demoiselle assise sur le banc juste en face du sien, de l'autre côté du chœur, et qui semblait captivée par le prêcheur, vers lequel elle gardait la tête tournée. Quel joli visage, songea Sam. Et cette expression si douce ! C'était en effet un bien joli visage que celui de cette jeune fille, à la fois beau, suave et pensif, où brillaient des yeux d'un brun sombre. Elle portait une robe de soie noire très élimée et un chapeau de paille ; tout dans sa mise était très sage et très modeste ; mais elle avait l'allure d'une grande dame. Je me demande si elle s'assied toujours là ? se dit Sam.

L'office terminé, il rentra chez lui. Il s'apprêtait, machinalement, à ouvrir la porte d'entrée, le regard ailleurs, quand une autre personne, qui arrivait dans son dos, posa la main sur la poignée avant lui. Il se retourna et se trouva nez à nez avec la jeune femme de l'église.

— Oh ! Je vous prie de m'excuser, dit Sam, complètement décontenancé. Vous entrez ?

— Oui, s'il vous plaît, répondit-elle – sa voix était douce et son ton modeste.

— Oh ! répéta Sam, pris au dépourvu. Alors vous ne vouliez pas me parler ?

— Vous êtes bien aimable, mais j'habite ici, dit-elle.

— I-i-ci ? bégaya Sam, qui n'avait encore croisé personne à l'intérieur, mis à part le logeur, la logeuse et Sally. C'est votre maison ?

— Oui. Je suis Maria Parslet.

Il recula d'un pas pour la laisser passer ; de taille moyenne, la jeune fille était mince et gracieuse ; Sam lui donnait environ dix-huit ans – tout ce qui précède était exact, si ce n'est qu'elle avait deux années de plus – et se demandait où elle avait pu se cacher jusque-là. Il lui fallait ressortir, parce qu'il était invité à déjeuner chez les Cockermuth, si bien qu'il ne revit pas la demoiselle de la journée ; mais elle continua à hanter ses pensées. D'abord elle s'y installa, puis au fur et à mesure que le temps passait, elle y prit de plus en plus de place, pour finir par les occuper entièrement, tant et si bien que Sam en vint à marquer ce jour d'une pierre blanche : c'était le jour où il avait fait la connaissance de Maria Parslet. Mais j'anticipe.

Le lundi matin, il ouvrit l'œil et tendit l'oreille, guettant Maria, espérant bien l'apercevoir ou l'entendre. Mais il ne la vit point et ne perçut nul bruit signalant sa présence. Il apprit par la suite que la demoiselle enseignait dans une école pour jeunes filles non loin de là, et qu'elle y résidait durant la semaine ; le dimanche, elle avait généralement la permission de venir passer la journée chez elle. Un dimanche après-midi, il trouva le moyen de se faire inviter à l'heure du thé dans le petit salon de Mrs Parslet, et put ainsi faire plus ample connaissance avec Maria. Les occasions qu'il avait de la rencontrer étaient cependant rares.

Il y a peu de chose à raconter sur ces douze premiers mois. Ils s'écoulèrent sans incident notable. Sam Dene travaillait plutôt sérieusement. Il avait çà et là de petites dettes qui s'accumulaient bien malgré lui, comme cela arrive souvent aux jeunes gens livrés à eux-mêmes – et qui vous prétendent n'avoir rien vu venir. Quelques amis de Sam à Worcester étaient au courant, et la chose finit par arriver aux oreilles de Me Cockermuth, qui fit alors en privé maintes remontrances à Sam.

La première année venait de s'achever. Ainsi qu'il en avait été convenu, il lui en restait encore une. Sam commença cette seconde année dans un état d'esprit plutôt sombre. En faisant ses comptes, comme il s'en était empressé après que son patron l'avait gourmandé, il eut à nouveau la mauvaise surprise de constater que ses dettes étaient bien supérieures à ce qu'il croyait, et se demanda s'il pourrait rembourser un jour cette somme avec ce qu'il gagnait. Autrement dit, il n'avait pas les moyens de payer ses créanciers ; il s'était encore mis dans de beaux draps ; et il vivait dans la terreur permanente que son oncle Jacobson finît par l'apprendre.

Les assises de printemps, qui se tenaient début mars, venaient de s'achever ; les magistrats avaient quitté la ville pour Stafford, et Worcester retrouvait peu à peu sa tranquillité. Miss Cockermuth accorda une semaine de répit à ses deux bonnes ainsi qu'à elle-même

– l'époque des assises étant pour le cabinet de l'avocat une période d'activité et d'agitation intenses, avec le défilé incessant des clients – avant d'attaquer le grand nettoyage de printemps dans la maison, rituel domestique élevé au rang de véritable institution chez nos vénérables grands-mères, et qui durait souvent deux bonnes semaines. Cette année-là chez l'avocat, le remue-ménage serait double, car l'on s'apprêtait également à accueillir des visiteurs.

Le capitaine Cockermuth avait envoyé un mot pour prévenir qu'il rentrerait à Pâques ; à la suite de quoi, l'avocat et sa sœur décidèrent d'inviter également la veuve de Philip et ses enfants à venir passer quelques jours à la maison ; ils savaient que cela ferait plaisir à Charles. Cette année-là, le lundi de Pâques tombait véritablement très tôt, à la fin du mois du mars.

Afin que l'on comprenne bien ce qui va suivre, il est utile de décrire ici rapidement la maison. La porte d'entrée donne sur un grand vestibule sans escalier. Sur la gauche se trouve le salon-salle à manger, où l'on sert habituellement tous les repas. Cette longue pièce, basse de plafond, ne possède que deux fenêtres assez étroites, côté rue, si bien que le fond de la salle est toujours un peu sombre. La cheminée fait face à la porte. De l'autre côté du vestibule, une deuxième porte, juste en face de celle du salon, donne accès à deux pièces – l'une à l'avant de la maison, l'autre à l'arrière –, où l'avocat et ses clercs ont leurs bureaux. Les cuisines et l'escalier se trouvent à l'arrière du vestibule, côté jardin ; il y a également à l'étage un petit salon, très joli, où l'on se tient rarement.

La maison, disais-je, était en plein remue-ménage, à cause du nettoyage de printemps et des autres préparatifs. Il fallait trouver le moyen de loger commodément ces nombreux hôtes : une chambre pour le capitaine, une chambre pour sa belle-fille, deux pour les enfants. La maîtresse de maison et les bonnes menèrent de grands conciliabules.

— Nous avons décidé de mettre les trois petites filles dans l'ancienne chambre de Philip, annonça Miss Betty à son frère, comme ils passaient au salon après dîner, ce lundi soir, moins de huit jours avant le début de la semaine de la Passion. Et le petit Philip pourra prendre la petite chambre à côté de la mienne. Mais il nous faudra trouver des lits d'enfant ; je n'imagine pas faire dormir les trois petites dans un seul lit ; cela risquerait de se terminer en pugilat. En réalité, John, j'aimerais que vous vendiez le vieux secrétaire, pour le prix qu'on voudra bien vous en donner.

— Vendre le vieux secrétaire ! s'exclama Cockermuth.

— Je suis persuadée que c'est la meilleure solution. À quoi bon le garder ? Nous n'aurons jamais assez de place pour mettre des lits supplémentaires dans cette chambre si nous le laissons là. J'ai passé la moitié de la journée dans la pièce avec Ann et Susan, à envisager toutes les configurations possibles, mais avec ce secrétaire, c'est impossible. Laissez donc Ward nous en débarrasser, John ; il n'y a pas davantage de place dans les autres pièces. Il vous en donnera un bon prix, j'en suis certaine.

Miss Betty ne tenait guère à ce meuble, qu'elle jugeait plus encombrant qu'utile ; elle regarda fixement son frère, attendant sa décision avec impatience. Elle était l'aînée ; comme lui, elle était grande ; mais il conservait un physique osseux, longiligne, qui le faisait ressembler à un lampadaire pourvu de bras, alors que la silhouette de sa sœur s'était beaucoup épaissie, au point de devenir complètement informe. Miss Betty avait de gros sourcils noirs, un visage aimable et rubicond. Sa coiffure consistait en une « frange » de boucles brunes, surmontée d'un élégant petit bonnet d'intérieur tout en hauteur. Ce soir-là, elle portait une robe verte de soie moirée et un fichu immaculé aux pointes croisées sous son corsage, assorti à un tablier de mousseline blanc.

— Comme vous voudrez, répondit l'avocat, qui avait l'humeur aussi conciliante que sa sœur. D'ailleurs, que je sache, il ne nous sert à rien. Demandez à Ward de passer et voyez cela avec lui, Betty.

Ward était un menuisier-ébéniste qui avait son atelier en ville et achetait parfois des meubles d'occasion. Miss Betty l'envoya chercher dès le lendemain matin ; il accepta, après quelques tractations, d'acheter le vieux bureau. C'était le secrétaire où Philip avait rangé sa boîte pleine d'or avant qu'elle ne disparaisse – mais vous l'aviez probablement déjà deviné. Au beau milieu de ce capharnaüm domestique, alors que Ward venait tout juste de conclure ses négociations et de s'en retourner chez lui, et tandis que les bonnes, armées de serpillières, de seaux et de balais, ne ménageaient pas leur peine en haut de l'escalier, surgit alors un invité qui avait décidé de jouer les avant-gardes en débarquant à l'improviste : le capitaine Cockermuth.

La consternation de Miss Betty fut telle qu'elle se laissa choir sur un siège. Elle contempla le nouveau venu avec des yeux ronds, anéantie. Elle ne l'attendait pas avant une semaine ; rien n'était prêt, on n'avait aucune chambre où le loger.

— Si seulement vous vouliez vous comporter en être sensé, Charles ! s'exclama-t-elle. Toute la maison est en pagaille, les chambres sens dessus dessous, et les descentes de lit encore suspendues aux fenêtres.

Le capitaine Cockermuth rétorqua qu'il se moquait bien d'avoir une descente de lit et qu'il pouvait dormir n'importe où – sur le banc du cellier, si elle y tenait. Il approuva chaudement son idée de vendre le secrétaire, quand elle lui annonça qu'ils étaient sur le point de s'en débarrasser.

Ward avait promis de repasser en fin de journée, à cinq heures, pour venir le chercher. Il arriva alors qu'ils s'apprêtaient à passer à table, car en ce temps-là, il était d'usage de servir le souper du soir à cinq heures. Ward avait amené un homme avec lui, et tous deux montèrent directement à l'étage.

Miss Betty, qui faisait le service, était assise en bout de table, dos aux fenêtres, l'avocat présidant à l'autre bout et Charles ayant pris place entre eux, face à la cheminée. Miss Betty découpait la première tranche d'un rôti de veau, quand retentirent des bruits sourds dans l'escalier, suivis d'une série de chocs et de heurts, indiquant que les deux hommes étaient en train de descendre le meuble.

Me Cockermuth sortit de la salle à manger pour aller voir. Le capitaine lui emboîta le pas. Toujours sociable avec ses concitoyens, il s'empressa de saluer Ward et de prendre de ses nouvelles.

Le secrétaire finit par arriver entier au pied de l'escalier ; l'homme venu prêter main-forte à Ward essuya son visage ruisselant, tandis que ce dernier échangeait quelques mots avec le capitaine Cockermuth. C'était un véritable chambardement à l'intérieur de cette demeure, habituellement si paisible. Susan, qui avait à la main une cruche d'ale qu'elle venait de tirer au cellier, était restée plantée au milieu du vestibule à les regarder ; Mr Dene et un jeune clerc, qui quittaient le cabinet après avoir fini leur journée de travail, s'étaient eux aussi arrêtés pour voir ce qui se passait.

— Je suppose qu'il n'y a plus rien à l'intérieur, monsieur ? fit Ward en s'avançant vers le meuble pour se remettre à la tâche.

— Non, il ne reste rien, je crois, répondit Me Cockermuth.

— Plus rien du tout ! lança Miss Betty depuis la porte de la salle à manger. J'ai vidé tous les tiroirs ce matin.

Ward, qui était un homme prudent et honnête, abaissa la tablette du secrétaire pour vérifier que tous les petits casiers, qui n'avaient pas servi depuis l'époque de Philip, étaient bien vides. Il y en avait douze : trois en haut et en bas, trois de chaque côté, et un petit tiroir au milieu que l'on pouvait fermer à clé.

— Tiens, tiens ! s'écria Ward en passant la main au fond d'un compartiment. Il y a quelque chose, là-dedans.

C'est alors qu'il en sortit la boîte disparue. La fameuse petite boîte en bois d'ébène pleine d'or.

C'était une histoire vraiment bizarre. Et les gens de Worcester, tout du moins ceux qui ont vécu jusqu'à aujourd'hui et qui peuvent en parler, continuent de le penser. Nul ne savait où était passée cette boîte ; le pauvre Philip et les autres l'avaient cherchée et cherchée en vain ; et voilà qu'on la retrouvait, de la manière la plus simple et la plus banale qui fût. C'était inexplicable, incompréhensible. Selon Ward, la boîte avait dû être mal rangée, posée de côté, sur le flanc, si bien qu'elle s'était coincée tout au fond de l'étroit petit casier, dont la hauteur faisait exactement la largeur de la boîte, et ceux qui à l'époque l'avaient cherchée avaient cru en la touchant qu'il s'agissait du fond du casier ; mais les chocs qu'avait reçus le secrétaire pendant la descente de l'escalier avaient délogé le coffret et ainsi permis de le retrouver. Comme Ward fabriquait des meubles, on l'écouta, avec respect, exposer son point de vue. Ce n'était qu'une supposition, bien sûr, mais c'était encore l'explication la plus valable, puisque de toute manière on n'en avait pas d'autre. Comment savoir ? Voilà la seule chose dont on pouvait être sûr : on avait perdu, puis retrouvé cette boîte, de longues années après. Comme je l'ai déjà dit, tout s'est passé exactement comme je le rapporte ici.

Sam Dene n'avait jamais entendu parler de cette histoire. Le capitaine Cockermuth, débordant d'allégresse, s'empressa de la lui raconter. Tout sourires, Sam posa son index sur les pièces d'or entassées dans la boîte où elles étaient restées sagement blotties les unes contre les autres, puis se répandit en félicitations et finit par rentrer chez lui pour le thé.

Ce même mardi soir, la plus grande confusion régnait chez les Parslet. Sally avait été prise en faute et congédiée, mais la domestique engagée pour la remplacer, qui devait commencer son service dans l'après-midi, ne s'était toujours pas présentée. En rentrant, Sam croisa Maria qui sortait du salon, et elle se mit à rougir de bien charmante façon en le voyant. Cette apparition inattendue causa quelque émoi à Sam, qui n'avait pas souvent l'occasion de rencontrer la jeune fille ; le rose de ses joues et la douceur de son regard l'éblouirent, telle une vision du paradis, car, au fil du temps, il était tombé très amoureux d'elle. Même s'il ne se l'était pas encore avoué.

Maria lui expliqua la raison de sa présence. Son école avait fermé plus tôt que prévu pour les vacances de Pâques, parce que l'une des élèves présentait les symptômes de la rougeole ; Mrs Parslet était sortie afin d'apprendre ce qui était arrivé à la nouvelle bonne et avait demandé à sa fille d'inviter Mr Dene à prendre le thé avec eux, au salon le soir, puisque personne ne l'attendait.

Sam ne se fit pas prier pour accepter l'invitation, vous vous en doutez. Il courut à l'étage se laver les mains et se donner un coup de peigne, puis redescendit en moins de deux. Le plateau du thé était déjà posé sur la petite table, dans le salon, où Maria s'était assise. Peut-être avait-elle pris, elle aussi, le temps de se recoiffer, se disait Sam, car ses cheveux étaient encore plus beaux qu'auparavant ; c'étaient les cheveux les plus doux et les plus soyeux qu'il eût jamais vus. La petite bouilloire de cuivre sifflait doucement sur la plaque du foyer, près de la cheminée.

— Savez-vous si papa en a encore pour longtemps ? s'enquit poliment Maria, intimidée et embarrassée de se retrouver seule en tête-à-tête avec Sam. J'aurais peut-être mieux fait d'attendre son retour avant de mettre l'eau à chauffer.

— Je n'en ai aucune idée, répondit Sam. Il est sorti régler une affaire pour Me Cockermuth vers quatre heures et demie, et il n'était pas encore rentré quand j'ai quitté le cabinet. Mais, figurez-vous, Miss Parslet, qu'il est arrivé une chose vraiment étonnante tout à l'heure chez les Cockermuth !

— Vraiment ? Que s'est-il passé ?

Et Sam lui raconta. L'excitation de Maria, qui connaissait toute l'histoire de la mystérieuse disparition de la boîte, allait croissant comme elle écoutait son récit.

— On l'a retrouvée ? s'exclama-t-elle. Dans le secrétaire ? Avec toutes les guinées dedans ?

— Oui, apparemment pas une ne manquait, confirma Sam. La boîte était pleine à ras bord de pièces d'or !

— Oh, quel bonheur ! s'exclama Maria, avec une ferveur qui surprit un peu Sam, en joignant les mains comme on le fait dans les moments de grande joie ou de grande douleur.

— Pourquoi dites-vous cela, Miss Parslet ?

— Parce que papa... Mais je ne pense pas que je devrais vous en parler, fit-elle, s'interrompant brusquement.

— Oh, mais si, voyons ! Vous pouvez vous fier à moi, je sais garder un secret. Allons, je vous en prie !

— Eh bien, poursuivit la demoiselle sans plus se faire prier, papa s'est toujours inquiété, à cause de la disparition de cette boîte. Il craignait que certaines personnes, sachant qu'il ne roulait pas sur l'or, s'imaginent que c'était peut-être lui qui l'avait volée.

Sam éclata de rire.

— Bien sûr, il ne nous l'a jamais clairement *dit* ainsi, mais ma mère et moi, nous savions que cette idée le tracassait. Voyez-vous, cette disparition était tellement bizarre... et puis il n'y avait aucun indice permettant de dire *quand* cela s'était produit, si bien que les gens nourrissaient toutes sortes de soupçons, même les plus improbables. Oh, je suis tellement heureuse qu'on l'ait retrouvée !

La bouilloire continua à siffler doucement, les minutes à s'égrener, mais personne n'arrivait. Les cloches de la cathédrale sonnaient six heures quand Mr Parslet fit enfin son entrée. Mais si on leur avait demandé l'heure, les deux jeunes gens auraient probablement répondu qu'il devait être environ cinq heures et quart. Les moments de bonheur passent vite. Ils s'envolent en un battement d'ailes, comme les anges.

Alors qu'ils prenaient le thé, un dénommé Jonas Badger, créancier de Sam, sonna à la porte. Sam le rejoignit dans le vestibule ; mais il se peut qu'on entendît malgré tout leur conversation dans le salon. Mr Badger déclara – d'un ton des plus paternels – qu'il ne pouvait vraiment plus se contenter de promesses ; si on ne lui rendait pas son argent avant Pâques, il serait obligé de prendre des mesures pour le récupérer, en écrivant pour commencer à Mr Jacobson, à Elm Farm. Quand Sam revint à la table du salon, il faisait grise mine.

Peu après, Mrs Parslet entra à son tour, la nouvelle bonne sur les talons. Puis un ami de Sam, dénommé Austin Chance, dont le père avocat avait pignon sur rue à Worcester, passa lui rendre visite. Les deux jeunes gens, qui étaient très proches et passaient beaucoup de temps ensemble, montèrent à l'étage dans la chambre de Sam.

— Attention, mon vieux, lui lança Chance d'un ton mi-figue mi-raisin, ne va surtout pas t'embarquer dans ce genre d'histoire.

— De quoi est-ce que tu parles ? demanda Sam, devenu rouge comme une pivoine.

— De Maria Parslet, tiens ! répondit Austin Chance en éclatant de rire. Elle est bien jolie, cette petite ; je ne suis pas aveugle ; tout à fait le genre de fille dont un jeune gars peut tomber amoureux sans même s'en rendre compte. Mais ça ne marchera pas, Dene.

— Et pourquoi donc ?

— Oh ! allez, Sam, tu sais parfaitement pourquoi. Parslet n'est que simple clerc chez Cockermuth.

— J'aimerais bien savoir ce qui a pu te mettre cette idée dans la tête ! rétorqua Sam. De toute manière tu ferais mieux de la chasser immédiatement. Je ne t'ai pas dit que j'étais amoureux d'elle, il me semble ; et je ne le lui ai pas dit à elle non plus. D'ailleurs, Mrs Parslet en aurait sûrement après moi, si j'osais le faire. Elle surveille jalousement sa fille, comme son plus précieux trésor.

— Eh bien, tu étais quand même dans leur salon, en train de prendre le thé avec eux...

— C'était tout à fait exceptionnel, l'interrompit Sam. Un pur hasard.

— Bon, fit Austin, inutile de monter sur tes grands chevaux, mon vieux ; ce n'était qu'un conseil d'ami, ne le prends pas mal. D'ailleurs, en parlant de trésor, Dene, j'ai fait tout mon possible pour trouver les vingt livres que tu voulais m'emprunter, mais voilà, ça n'a pas été possible. Je t'aurais de bon cœur donné toute ma fortune, mais je suis encore plus fauché que je croyais.

C'était la pure vérité. Chance était véritablement un brave garçon, mais à ce stade de sa jeune existence, il était déjà criblé de plus de dettes qu'il n'en pouvait rembourser.

— Badger vient de passer, lui apprit Sam. Pour se plaindre et me menacer à mots couverts. Si dans une semaine je ne l'ai pas payé, il emploiera les grands moyens pour m'y obliger – en commençant, m'a-t-il dit, par avertir mon oncle.

— Quel sale radin ! Quel vieux filou ! s'exclama Chance, qui lui-même se trouvait parfois à la merci de Mr Badger – un homme aisé qui acceptait volontiers de jouer les usuriers à sa modeste et tranquille façon, et n'aimait rien tant que rendre service aux jeunes gens de bonne famille. On racontait que le jeune M., aux abois, lui avait emprunté deux livres un samedi soir, en promettant de les lui rembourser, un mois plus tard, avec deux livres de plus pour les intérêts. Comme le jour venu, M. n'avait pas l'argent, ni aucune possibilité de se procurer la somme, il déroba l'argenterie de sa mère et l'apporta, cachée sous son manteau, chez un prêteur sur gages.

— Et encore, s'il n'y avait qu'avec Badger que j'étais en dette ! poursuivit Dene. Il faut absolument que je trouve de l'argent, sans quoi je vais être dans un beau pétrin. Je me demande si Charley Hill ne pourrait pas m'en prêter un peu ?

— Ça m'étonnerait. Mais tu peux toujours lui demander. Hill a rarement les poches pleines. J'imagine qu'il ne manque pas d'idées pour dépenser son argent.

— En parlant d'argent, Chance, figure-toi qu'on en a trouvé beaucoup aujourd'hui, chez Cockermuth. Une boîte pleine de guinées, égarée depuis de longues années.

Austin Chance ouvrit des yeux ronds.

— Non ? Tu ne veux quand même pas parler de cette boîte de guinées qui avait mystérieusement disparu du temps de Philip ?

— Si, il paraît que c'est celle-là. C'est une petite boîte ronde, en bois d'ébène sculpté, et elle était remplie à ras bord de vieilles pièces d'or. Soixante guinées, m'a-t-on dit.

— Je n'arrive pas à y croire ! On a retrouvé cette boîte-là ?

— Ne me crois pas si tu veux, Chance ! Moi, je l'ai vue. J'ai eu cette boîte sous les yeux. J'ai même touché les guinées d'or. Pendant toutes ces années, elle était en réalité restée au fond du secrétaire, expliqua Sam, qui se mit à lui raconter tous les détails de l'affaire.

— C'est vraiment incroyable ! s'exclama encore le jeune Chance. C'est l'histoire la plus dingue que j'aie jamais entendue.

Et il s'abîma dans le silence.

Mais la suite de cette histoire « dingue », ainsi qu'il plaisait à Mr Austin Chance de qualifier la réapparition de la boîte, n'allait pas être des plus heureuses.

2

Un joyeux soleil brillait sur Foregate Street, mais ses rayons n'avaient pas encore atteint le côté de la rue où donnaient les fenêtres de Me Cockermuth. Miss Betty Cockermuth était assise dans le salon, près d'une des fenêtres, ses lunettes sur le nez, occupée à défaire le galon d'antiques rideaux de laine, autrefois verts, mais qui avec le temps avaient pris une vilaine teinte brunâtre. On était mercredi matin, le lendemain de cette merveilleuse surprise qu'avait été la découverte de la boîte depuis si longtemps égarée, avec toutes ses guinées à l'intérieur. À vrai dire, tout le monde jugeait que cet événement tenait du miracle.

Ce jour-là, le grand nettoyage de la maison, en prévision de Pâques et de ses visiteurs, battait son plein, et cela durerait encore une bonne semaine. Ward, toujours prêt à rendre service, était là et s'affairait à quelque mystérieuse besogne dans le cellier. Il avait ôté son manteau et, les manches de chemise retroussées jusqu'au coude, plongeait divers objets dans l'eau qui bouillait sur le fourneau.

— Comment ai-je pu les laisser si longtemps dans cet état, c'est impensable ! marmonna pour elle-même Miss Betty, interrompant sa tâche, les ciseaux à la main, pour contempler les affreux rideaux.

Elle avait tiré près d'elle la table qui se trouvait au milieu de la pièce et étalé la lourde étoffe dessus. Susan entra pour lui faire part des dernières nouvelles domestiques.

— Ward raconte que tout le monde en ville ne parle plus que de la boîte qu'on a retrouvée, madame ! s'exclama-t-elle pour finir. Mon Dieu, comme ils sont vilains, ces rideaux, quand on les voit décrochés !

En ce temps-là, les bonnes entretenaient avec leurs maîtresses des rapports assez familiers, leur manquant parfois même de respect tant en paroles qu'en actes, à tel point qu'elles s'identifiaient à la famille et à ses intérêts. Susan, jeune femme potelée aux joues rouges d'une trentaine d'années, occupait cette place de bonne depuis sept ans. Elle avait promis à un mitron de l'épouser, mais ne cessait de différer la date du mariage. En hiver, elle lui disait : « Attendons l'été » ; et quand l'été arrivait, elle disait : « Attendons l'hiver. » Miss Betty louait sa prudence.

— Oui, répondit-elle à l'exclamation de la bonne, je me demandais à l'instant comment j'avais pu les garder si longtemps. Ils sont bons pour finir en chiffons. La chambre sera bien plus agréable avec du chintz.

Susan quitta le salon, croisant au passage le capitaine Cockermuth en compagnie d'un fermier venu de Hallow pour le marché du mercredi. L'euphorie du capitaine, lors de la découverte de la boîte, n'était toujours pas retombée ; il en avait rêvé et n'avait eu de cesse d'en parler, accostant dans la matinée toutes les personnes de sa connaissance qu'il croisait pour les ramener chez son frère et leur montrer les pièces d'or. Outre l'immense satisfaction qu'il éprouvait d'avoir éclairci le vieux mystère de cette disparition, les soixante guinées représentaient un beau petit pécule.

— Comment se fait-il qu'aucun d'entre vous, pendant toutes ces années, ne l'ait jamais retrouvée, alors qu'elle était là, au fond du casier ? s'écria le fermier, éberlué, en se penchant sur les guinées entassées dans la petite boîte ronde que le capitaine avait placée sur la table, grande ouverte, le couvercle posé à côté.

— Que voulez-vous que je vous dise. Nous ne l'avons pas trouvée, c'est tout. Ni nous, ni ce pauvre Philip, déclara le capitaine Cockermuth.

Le fermier prit congé. Alors que le capitaine le raccompagnait à la porte, un autre homme s'engouffra dans l'entrée. C'était l'avocat Thomas Chance, le père du jeune homme qui avait retrouvé Samson Dene la veille au soir. Me Chance et Me Cockermuth travaillaient sur un même contentieux entre particuliers, une affaire complexe et très pénible, où chacun représentait un client différent, désireux d'obtenir réparation d'une grande injustice – ou du moins qu'ils estimaient comme telle.

— Entrez, Chance, venez donc jeter un œil sur ma boîte de guinées revenue d'outre-tombe ! lança gaiement le capitaine. Vous passerez au cabinet de John après.

— Excusez-moi, mais je suis un peu pressé ce matin, répondit Me Chance, qui fit néanmoins un détour par le salon pour aller serrer la main de Miss Betty. Austin m'a dit que vous l'aviez retrouvée.

Me Cockermuth entra à son tour au salon pour venir prendre quelque chose dans son petit secrétaire personnel, qui se trouvait là. Quand ils eurent fini de parler de la fameuse boîte, Me Chance sortit de sa poche une lettre qu'il déposa dans les mains de son confrère.

— Que dites-vous de cela ? s'enquit-il. Elle est arrivée au courrier ce matin.

— Ce que j'en dis ? fit Me Cockermuth après avoir parcouru la lettre. Mais que c'est une information capitale !

— Oui, cela ne fait aucun doute. Mais quelle attitude allons-nous maintenant adopter ? lui demanda l'autre.

Voyant qu'ils ne s'intéressaient plus qu'à leurs affaires, le capitaine se faufila jusqu'à la porte d'entrée, qui restait grande ouverte toute la journée, pour la commodité des clients, et resta sur le perron, à siffloter, les mains dans les poches, guettant quelque autre individu qu'il pourrait amener à l'intérieur. Il avait remis le couvercle sur la boîte et laissé celle-ci sur la table.

— J'aimerais faire une copie de cette lettre, dit Cockermuth à l'autre avocat.

— Je vous la laisse, répondit Chance. Mais ne confiez pas cette tâche à n'importe qui. Demandez à Parslet, ou à une personne dont vous êtes sûr de la discrétion. Que cette lettre n'entre même pas dans le cabinet.

— On vous demande, Maître, lança Sam Dene depuis la porte.

— Qui est-ce ?

— Mr Chamberlain. Il dit qu'il est pressé.

— J'arrive. Venez ici, Dene ! lança-t-il à ce dernier qui tournait déjà les talons.

Le jeune Dene revint sur ses pas.

— Asseyez-vous là et faites-moi donc une copie de cette lettre, lui demanda l'avocat en abaissant précipitamment le plateau du petit secrétaire installé contre le mur du fond. Voici tout le nécessaire : une plume, de l'encre et du papier. Il s'agit d'une lettre confidentielle, vous l'aurez compris.

Sur ces mots, il sortit de la pièce, Me Chance à sa suite ; Sam Dene échangea quelques paroles avec Miss Betty, avec qui il s'entendait bien, puis alla s'asseoir devant le secrétaire pour s'atteler à la tâche.

— Charles fait toute une histoire au sujet de cette petite boîte, bougonna-t-elle en pointant ses ciseaux sur l'objet incriminé posé à côté d'elle sur la table. À croire qu'elle renferme non pas des guinées, mais des diamants de Golconde ! Je me demande combien de gens il va encore ramener ici pour la leur montrer.

— C'est fantastique qu'on l'ait retrouvée, Miss Betty. Il y a de quoi être fier, répondit Sam en se mettant au travail.

Pendant quelques instants, on n'entendit plus que le crissement de la plume de Mr Dene et le cliquetis des ciseaux de Miss Betty. Elle arrivait au bout de son ouvrage. Quelques minutes s'écoulèrent encore avant l'ultime coup de ciseaux, qui libéra enfin le dernier bout du galon.

— Voilà une bonne chose de faite ! s'exclama Miss Betty en rejetant le pan du rideau sur la table avec le reste. Ce galon pourra resservir, dit-elle en l'enroulant autour d'un vieux livre. On l'avait cousu il y a à peine trois ou quatre ans. Une fois nettoyé, il sera comme neuf.

Susan ouvrit de nouveau la porte.

— Miss Betty, le monsieur pour le chintz est là ! s'écria-t-elle. Il a cinq ou six coupons à vous montrer pour que vous puissiez faire votre choix. Dois-je le conduire ici ?

Miss Betty s'apprêtait à lui dire oui, mais elle se ravisa : il allait falloir étaler les coupons de chintz en pleine lumière pour évaluer la qualité de chaque étoffe, et toute cette agitation risquait fort de déranger

Mr Dene ; or elle ne voulait point le distraire de son travail.

— Allons plutôt dans la chambre où seront accrochés ces nouveaux rideaux, Susan ; nous pourrons ainsi mieux juger de leur effet.

Jetant le galon à Susan, plantée sur le seuil, Miss Betty rassembla précipitamment dans ses bras les vieux rideaux et passa devant la bonne qui lui tenait la porte.

On ne choisit pas à la va-vite du chintz pour des rideaux de fenêtre ; surtout si l'on n'a pas au départ une idée très arrêtée sur la question. Difficile de dire combien de temps Miss Betty, Susan et le jeune commis du drapier hésitèrent avant de se décider, puis d'hésiter à nouveau, jusqu'au moment où ils entendirent la voix du capitaine Cockermuth retentir au rez-de-chaussée.

— Betty ! Vous êtes là-haut, Betty ?

— Oui, je suis là ! répondit-elle, s'approchant de la porte pour se faire entendre. Que voulez-vous, Charles ?

— Où avez-vous mis la boîte ?

— Quelle boîte ?

— La boîte aux guinées.

— Elle est sur la table.

— Non, elle n'est pas sur la table. Je ne la trouve pas.

— Elle était sur la table quand je suis sortie du salon. Je n'y ai pas touché. Demandez donc à Mr Dene : lui est resté en bas.

— Mr Dene n'est pas là. Pouvez-vous descendre, s'il vous plaît ?

— Très bien. Je suis à vous dans une minute ! lança pour finir Miss Betty, en retournant à ses chintz.

— Allons bon ! Moi j'ai bien vu qu'elle était sur la table quand j'ai fermé la porte derrière vous, madame, lui glissa Susan, qui n'avait pas perdu une miette de leur conversation.

— Moi aussi, dit Miss Betty. C'est même la dernière chose sur laquelle j'ai posé les yeux en sortant. Lorsque le jeune Dene a eu terminé ce à quoi il était occupé et qu'il a quitté le salon à son tour, il aura probablement rangé la boîte ailleurs, en lieu sûr. Je crois, Susan, que nous devrions prendre ce chintz vert clair avec les guirlandes de boutons de roses. La couleur va bien avec le papier peint, et la lumière du jour prend une jolie teinte au travers.

Miss Cockermuth hésita encore un peu, puis s'accorda un second temps de réflexion, se demandant s'il lui faudrait ou pas galonner les rideaux, avant de se décider enfin à descendre. Le capitaine faisait nerveusement les cent pas dans le vestibule.

— Bon, dites-moi où est ma boîte, Betty.

— Comment voulez-vous que je sache où elle est, Charles, si elle n'est plus sur la table ? rétorqua-t-elle en allant dans le salon où deux amis du capitaine attendaient de poser leurs yeux éblouis sur le trésor retrouvé. J'ai dû monter à l'étage pour que ce jeune homme puisse me montrer ses chintz et j'ai laissé la boîte ici, dit-elle en lui montrant l'emplacement exact sur la table. Là où vous l'aviez posée. Je n'y ai pas touché.

Elle serra la main aux visiteurs. Le capitaine Cockermuth prit un air sombre – il était complètement désemparé.

— Sachant que vous alliez vous absenter, pourquoi ne l'avez-vous pas prise avec vous ? demanda-t-il. On ne laisse pas comme cela une boîte pleine de guinées d'or sans surveillance !

— Mais Mr Dene se trouvait dans la pièce ; il était assis là, à ce bureau, et recopiait une lettre pour John. Je n'ai pas pris cette boîte avec moi, parce que ce n'était pas à moi de la surveiller, que je sache ! En outre, Charles, vous n'étiez pas bien loin – sur le perron, il me semble.

Mais le capitaine Cockermuth savait qu'il n'était pas resté en permanence sur le perron. Il avait traversé la rue à deux ou trois reprises pour discuter avec des amis qui passaient par là ; il avait même fait un bout de chemin avec l'un deux, qu'il avait accompagné jusqu'à Salt Lane avant de revenir. Il venait de héler ces deux messieurs et de les inviter à entrer, et voilà qu'il trouvait un salon déserté par ses occupants, et sa boîte envolée !

— Qu'est-ce que cela veut dire ? grommela-t-il. On ne peut donc plus récupérer son bien quand on le souhaite, ni même savoir où il se trouve ? Et Dene, sacrebleu, qu'avait-il besoin d'y toucher, à cette boîte ?

— Il fallait bien la toucher pour la mettre à l'abri, s'il a eu la bonne idée d'y penser, répondit Miss Betty, qui n'aimait pas les reproches injustes. C'est tout vous, Charles, de faire tant d'histoires pour rien ! Pourquoi n'allez-vous pas plutôt demander au jeune Dene où elle est ?

— Le jeune Dene est sorti. Et John n'est pas là non plus. Il n'y a plus personne, hormis Parslet ; et il ne sait rien du tout. Pour sûr, Betty, votre vigilance fait merveille dans cette maison ! conclut le capitaine d'un ton sarcastique, s'abandonnant à sa mauvaise humeur.

Le lecteur estimera peut-être qu'il faisait effectivement beaucoup de bruit « pour rien », comme dirait Miss Betty. Mais cet éclat était pourtant bien peu de chose comparé au tapage qui allait suivre. Quand Me Cockermuth rentra, il affirma n'être au courant de rien, si bien que l'on recommença à attendre le jeune Dene avec impatience.

Il était plus de deux heures quand il revint, car il était passé chez lui pour déjeuner. L'élégant jeune homme franchit la porte d'entrée d'un pas léger et tomba nez à nez avec le capitaine Cockermuth, qui lui sauta presque à la gorge en lui demandant ce qu'il avait fait de la boîte.

— Ah, oui ! fit tranquillement Sam d'une petite voix détachée. Parslet m'a dit que vous la cherchiez.

Mr Parslet lui en avait parlé chez lui, à l'heure du déjeuner.

— Alors où est-elle ? s'enquit le capitaine. Où l'avez-vous mise ?

— Moi ? s'écria le jeune Dene. Mais nulle part. Pourquoi aurais-je déplacé cette boîte, monsieur ? Je me souviens l'avoir vue sur cette table, pendant que je prenais copie d'une lettre pour Me Cockermuth ; mais c'est tout ce que je sais.

Le capitaine rougit, pâlit, puis rougit de nouveau.

— Regardez-moi bien en face, Mr Dene : seriez-vous en train de me dire que la boîte a *disparu* ?

— Écoutez, je n'en sais vraiment rien du tout, répondit Sam du ton le plus dégagé qui fût. Elle semble bien avoir disparu en effet.

La boîte était introuvable. Encore une fois. Avec toutes ses guinées d'or. Et elle demeura introuvable, où qu'on cherchât dans la maison, à l'intérieur comme à l'extérieur, au rez-de-chaussée comme à l'étage. Le capitaine se lança dans une quête frénétique, les autres l'aidèrent, mais on ne découvrit aucune trace de la boîte.

Cela parut d'abord tout bonnement incroyable. Que la même boîte se fût volatilisée comme par enchantement, pour la seconde fois, ce n'était pas possible ! Et pourtant, c'était vrai.

Nul ne voulait se reconnaître la moindre responsabilité dans cette histoire. Le capitaine avait laissé la boîte en sécurité – ainsi qu'il le souligna – au milieu d'une pièce pleine de gens ; Miss Betty non plus n'estimait avoir aucun reproche à s'adresser, puisque Mr Dene était assis à sa table d'écriture et que le capitaine faisait de constantes allées et venues – ainsi qu'elle le souligna à son tour – entre le salon et la porte d'entrée. Me Cockermuth n'était pas revenu dans le salon après avoir quitté la pièce pour rejoindre Mr Chamberlain, avec qui il était ensuite sorti. Sam Dene répéta qu'il n'avait pas touché à la boîte ; non, il n'y avait même pas songé.

Sa version des faits, laconique, était la suivante : après avoir fini de copier la lettre, il avait refermé le petit secrétaire et l'avait repoussé à sa place contre le mur, puis il avait rapporté la lettre et sa copie au cabinet. John Cockermuth n'étant pas là, Dene avait mis sous clé les documents dans son propre bureau, ayant une affaire à régler au Guildhall. La chose lui prit un peu de temps, il était en réalité plus d'une heure quand il finit, après quoi il était rentré chez lui déjeuner.

— Et vous trouvez normal, Mr Dene, de laisser un objet de valeur telle que cette boîte, sur la table, sans surveillance ? demanda le capitaine Cockermuth, dans le salon où ils s'étaient tous rassemblés après avoir questionné Sam.

Le capitaine avait un air si féroce et un ton si mordant qu'on eût dit qu'il considérait ni plus ni moins Sam comme le voleur.

— À dire vrai, capitaine, je n'ai pas pensé une seule seconde à votre boîte, répondit Sam. J'aurais même très bien pu ne pas remarquer qu'elle était dans le salon si Miss Betty n'avait attiré mon attention dessus. Ensuite, la lettre que je copiais m'a tellement captivé – elle parlait d'une affaire que je connais bien, comme Me Cockermuth le sait, et annonçait une nouvelle vraiment surprenante –, que j'en ai oublié tout le reste.

L'avocat hocha la tête pour confirmer ses dires. Le capitaine poursuivit :

— Betty a attiré votre attention dessus, dites-vous ? Pourquoi donc ? De quelle façon ?

— Eh bien, elle a dit que vous faisiez beaucoup d'histoires à propos de cette boîte. À croire qu'elle était remplie de diamants, répondit le jeune homme, bien content de rendre la monnaie de sa pièce au capitaine qui s'était adressé à lui d'une voix autoritaire et vibrante de colère.

Mais en vérité, le capitaine commençait à nourrir de très graves soupçons.

— Vous n'allez tout de même pas nier, Mr Dene, que ma sœur Betty a quitté la pièce en laissant la boîte posée sur cette table ?

— Mais enfin personne ne prétend le contraire ! s'écria Sam. Si Miss Betty affirme qu'elle a laissé la boîte sur la table, c'est qu'elle l'y a laissée, pour sûr ! Elle le sait. Susan aussi, apparemment, a remarqué que la boîte était restée là.

— Mais vous, en voyant la boîte posée bien en évidence sur la table, vous êtes tout de même sorti du salon sans vous soucier de rien ! écuma le capitaine. Au lieu de venir me dire qu'il n'y avait plus personne dans la pièce pour la surveiller !

— Je ne l'ai même pas vue, répondit Sam. Elle était là, cela ne fait aucun doute, mais je ne l'ai pas vue. Je suis sorti sans jeter un seul regard vers la table, pour autant que je m'en souvienne. La table, vous devez vous en rappeler, n'était pas à sa place habituelle ; on l'avait tirée près de la fenêtre. La boîte m'était complètement sortie de la tête.

— Moi, Mr Dene, j'ai comme qui dirait l'impression *que c'est vous qui l'avez prise, cette boîte !* s'exclama le capitaine, furibond.

— Ah oui ? répliqua Sam d'une voix sarcastique où perçait presque un petit rire. Je vois mal à quoi elle pourrait me servir, votre boîte.

— Je parie que vous sauriez bien quoi faire des guinées, jeune homme !

— Vous avez raison, capitaine.

Mais ce ton narquois n'était point du goût du capitaine, qui le trouva pour l'heure fort déplacé. Il était convaincu que le jeune homme faisait le malin pour écarter les soupçons.

— Alors qui a pris la boîte ? questionna le capitaine. Dites-le-moi.

— J'aimerais bien pouvoir vous répondre, monsieur.

— Comment la boîte a-t-elle pu disparaître, si personne ne l'a prise, je vous le demande ?

— Oui, voilà une question déconcertante, répondit tranquillement Sam. Elle est bien trop lourde pour les rats, je suppose.

— Mais enfin nous n'avons pas de rats dans cette maison ! s'écria Miss Betty. Et croyez bien que je le regrette, on aurait peut-être retrouvé la boîte au fond d'un de leurs trous.

Cette situation la mettait mal à l'aise. Placide et sereine de nature, elle perdait tous ses moyens lorsqu'elle se trouvait confrontée à un problème épineux.

Les doutes du capitaine Cockermuth commençaient à se muer en certitudes. La veille au soir, il était resté causer au coin du feu avec son frère, qui lui racontait les dernières nouvelles de la ville, et au détour de la conversation, après que Miss Betty était montée se coucher, John lui avait parlé des dettes du jeune Dene. L'avocat ne lui adressait point cette confidence par malveillance, bien au contraire, car il avait beaucoup d'affection pour le jeune homme. Seulement quelques petites dettes, avait d'ailleurs ajouté Me Cockermuth ; les jeunes gens insouciants sont coutumiers du fait ; mais il avait néanmoins fait la leçon au garçon. Et en riant, Me Cockermuth avait également raconté à son frère ce que Mr Jacobson avait eu la loyauté de lui révéler, par amitié, un an plus tôt : Sam s'était déjà endetté à Londres.

Les esprits sensés ne s'étonneront pas que Charles Cockermuth se rappelât à présent leur conversation. Il ne pouvait penser à rien d'autre. Sam Dene avait-il pris la boîte de guinées pour s'acquitter de ces dettes contractées l'année précédente à Worcester ? C'était fort possible. Plus le capitaine y réfléchissait, plus cette idée lui paraissait vraisemblable.

Toute l'après-midi, le capitaine poursuivit ses recherches. Il n'y eut pas un bibelot du salon qui ne fût retourné ; il voulut même qu'on soulevât le tapis. Son frère et Sam Dene étaient retournés travailler au cabinet, comme d'habitude. Le capitaine devenait d'une humeur massacrante ; à trois reprises, Miss Betty dut le sermonner, parce qu'il n'avait pu retenir une épouvantable bordée de jurons ; et quand arriva l'heure du dîner, il était incapable de manger. On avait pourtant servi un magnifique saumon pêché dans la Severn, une belle pièce qui valait son prix dans la ville de Worcester à l'époque, je vous l'affirme, ainsi que du hachis de veau et une tarte à la confiture, autant de mets dont Charles Cockermuth était friand. Mais la perte des soixante guinées lui avait coupé l'appétit. Me Cockermuth, qui prenait les choses beaucoup plus à la légère, se mit à le taquiner.

Son hilarité n'améliora point l'humeur du capitaine ; ni le fait que Sam Dene rentrât chez lui comme d'habitude à cinq heures. Si Sam avait été innocent, il serait venu au salon demander si l'on avait retrouvé la boîte, au lieu de filer directement chez lui pour le thé.

Pestant et rageant, tempêtant et trépignant, troublant la quiétude du salon faute de trouver la paix intérieure, Charles Cockermuth ne cessait de tourner comme un ours en cage. Son frère John, avec sa bonté d'âme, le supporta une heure ou deux, puis lui conseilla d'aller prendre l'air et de marcher un peu pour se calmer.

— Bonne idée, acquiesça Charles.

Il prit son chapeau et, sans rien dire à personne, partit trouver le sergent de police Dutton, à qui il exposa succinctement toute l'affaire : la boîte de guinées se trouvait sur la table où sa sœur travaillait ; son ouvrage était étalé sur un coin de la table et la boîte posée à l'autre bout. Sam Dene se trouvait également dans la pièce, copiant une lettre sur le petit secrétaire. Puis on avait fait demander Miss Betty à l'étage ; elle était alors sortie, laissant la boîte sur la table. C'était la dernière chose qu'elle se souvenait avoir vue en partant ; la bonne, qui était venue la chercher, se rappelait elle aussi avoir vu la boîte. Le jeune Dene avait quitté la pièce à son tour, puis la maison. À partir de cet instant, on n'avait plus revu l'objet.

— Alors, qu'en concluez-vous, Mr Dutton ? demanda le capitaine Cockermuth.

— Dois-je comprendre que personne n'est entré dans la pièce après le départ de Mr Dene ? fit le sergent.

— Personne. Je vous le certifie.

— Alors tout porte à croire que Mr Dene pourrait avoir pris la boîte.

— Exactement, approuva la victime d'une voix triomphante. Et je veux le faire arrêter pour vol.

Mr Dutton réfléchit. Il gardait la tête froide, mais on ne pouvait pas en dire autant du capitaine. Il restait des points à éclaircir pour connaître tous les tenants et les aboutissants de cette affaire. En outre, le sergent connaissait le jeune Dene et ne le croyait pas capable de commettre ce genre de forfait.

— Capitaine Cockermuth, dit-il, il vaudrait mieux, je crois, que je me rende sur place pour examiner cette affaire d'un peu plus près, avant de prendre des mesures extrêmes. Dans la police, nous avons l'habitude d'enquêter, et nous repérons des preuves et des indices que la plupart des gens ne remarquent même pas. Après tout, vous avez peut-être simplement égaré cette boîte.

— Mais puisque je vous dis qu'elle a *disparu* ! s'exclama le capitaine. Elle n'est plus là. On l'a cherchée partout, elle est introuvable.

— Eh bien, si cette boîte d'ébène a encore disparu, ce sera vraiment l'affaire la plus étrange qu'on m'ait jamais rapportée. Je vais finir par croire que votre boîte est possédée par le démon.

— Non, sergent, vous vous trompez. C'est celui qui l'a prise qui est possédé par le démon. Laissez-moi donc vous dire quelque chose à l'oreille : le jeune Dene est criblé de dettes. Il doit un peu d'argent ici, un peu d'argent là, et au bout du compte il a des dettes partout. Je l'ai appris par hasard, mais depuis quelque temps cela commence à le tracasser sérieusement : il se demande où et comment trouver l'argent pour rembourser ses créanciers les plus pressants ; et il est mort de peur à l'idée que ceux-ci aillent informer son oncle à Elm Farm de la situation.

— *Vraiment ?* s'exclama Mr Dutton d'une voix sévère – son visage changea et son opinion aussi. En êtes-vous sûr, capitaine ?

— Eh bien, je tiens ces informations de mon frère ; à vous de juger s'il s'agit ou non d'une source à laquelle on peut raisonnablement se fier, déclara le capitaine. Mais si vous estimez préférable de mener votre propre enquête sur place, alors suivez-moi.

Ils marchèrent ensemble jusqu'à Foregate. Le sergent inspecta rapidement le salon où l'objet avait disparu, écouta ce que Miss Betty avait à déclarer et interrogea Susan. Rien toutefois dans leurs propos ne permettait vraiment de confirmer les soupçons qui pesaient sur Sam Dene, hormis une chose : leur témoignage concordait sur le fait qu'il était bien resté seul dans la pièce avec la boîte.

Me Cockermuth était sorti, si bien que le sergent ne put l'interroger ; mais comme l'avocat était également absent lorsque la boîte avait disparu, il ne pouvait de toute façon pas être d'une grande aide pour l'enquête.

— Alors, Dutton, qu'en pensez-vous à présent ? demanda le capitaine, marchant dans la rue à côté du sergent, qui venait de quitter la maison.

— Je vous avoue que cette visite ne m'a pas apporté grand-chose, déclara calmement Dutton, en homme prudent. Si personne n'est entré dans la pièce entre le moment où Miss Cockermuth en est sortie et le moment où vous y êtes entré, alors non, capitaine, nous n'avons en effet pas d'autre suspect que le jeune Dene.

— Mais puisque je vous dis que personne n'y est entré ! répéta le capitaine, furieux. Si quelqu'un était entré, je l'aurais *forcément* vu. J'étais sur le perron, devant la porte d'entrée. Ward avait beaucoup de travail ce matin-là, il traversait constamment le vestibule et faisait l'aller-retour entre la cuisine et le cellier ; il est certain, lui aussi, qu'aucun intrus n'aurait pu se faufiler dans la maison à son insu.

— Avez-vous vu le jeune Dene sortir du salon, capitaine ?

— Oui. En entendant du bruit dans le vestibule, je me suis retourné et j'ai vu passer le jeune Dene, avec des papiers à la main. Il est entré dans le cabinet, où il est resté une minute ou deux. Il est ensuite repassé devant moi en sortant de la maison. Il a même eu le toupet incroyable de me dire qu'il allait au palais de justice. Il devait avoir ma boîte au fond de sa poche !

— Quel dommage que vous ne soyez pas entré dans le salon juste à ce moment-là, capitaine, observa le sergent. Ne serait-ce que pour mettre la boîte à l'abri – si toutefois elle s'y trouvait toujours.

— Mais j'étais persuadé qu'elle ne craignait rien. Je pensais que ma sœur était là. Je suis d'ailleurs retourné au salon presque aussitôt.

— Et durant tout ce temps, vous n'avez pas bougé du perron ?

— Je ne dis pas cela. Au début, je suis sorti un peu dans la rue, pour discuter avec quelques personnes que j'avais aperçues. Mais je n'ai pas bougé du perron *après avoir vu Sam Dene sortir du salon.* Et il n'a pas dû s'écouler plus de cinq minutes, je pense, avant que j'y pénètre à mon tour. Cinq minutes, pas plus, j'en suis tout à fait certain. Mais à quoi pensez-vous, Dutton ? On dirait que vous ne m'écoutez pas !

— Je vous écoute, capitaine, et j'ai bien compris chacune de vos paroles. Mais il y a un détail qui me trouble dans cette histoire ; une chose que je trouve même très bizarre, en réalité, c'est que Mr Dene ait commis son forfait – en admettant que ce soit effectivement lui le coupable – de façon si flagrante et si éhontée, sachant que les soupçons retomberaient inévitablement sur lui. Miss Betty l'ayant laissé seul dans la pièce avec la boîte, il devait bien se douter, en sortant du salon, que si l'objet venait entre-temps à disparaître, on ferait immédiatement le rapprochement avec lui, et lui seul. Les voleurs font en général montre d'un peu plus de prudence.

— Pas ceux qui sont aux abois comme Dene. Certains sont alors capables de toutes les audaces, et souvent la chance leur sourit. Qui ne risque rien n'a rien, se disent-ils. Du coup, ils prennent tous les risques et repartent les mains pleines ! Dene a ma boîte, sergent.

— Eh bien, il est vrai que tout semble l'accuser ; peut-être même un peu *trop* ; mais si vous tenez vraiment à déposer plainte contre lui, en ce cas, nous n'aurons qu'à... Oh, mais... bonsoir, Badger !

Ils avaient marché jusqu'à The Cross et venaient de s'arrêter au milieu de l'immense parvis de l'église St Nicholas, où ils s'apprêtaient à prendre congé l'un de l'autre, quand le respectable Mr Jonas Badger passa non loin d'eux. Une idée vint alors au capitaine. Il savait que l'homme jouait les prêteurs en toute discrétion.

— Un instant s'il vous plaît, Badger ! lança-t-il. Je voudrais vous demander quelque chose au sujet du jeune Dene – c'est le clerc de mon frère, vous savez. Dites-moi : vous doit-il de l'argent ? Beaucoup d'argent ?

Mr Badger, circonspect par nature et par habitude, jeta d'abord un regard à celui qui l'interpellait, puis un second au sergent de police, sans répondre. Le capitaine Cockermuth, afin de piquer sa curiosité, lui raconta de but en blanc toute l'histoire : la boîte de guinées, retrouvée la veille, de nouveau disparue aujourd'hui, et les soupçons qui pesaient sur Sam.

Mr Badger l'écouta avec intérêt, car il n'avait pas encore eu vent de l'incroyable nouvelle. Il était resté cloîtré dans son bureau toute la matinée à éplucher ses livres de comptes ; l'après-midi, il s'était rendu à pied à Kempsey où il avait un ou deux clients à voir ; et maintenant il rentrait chez lui où il comptait arriver juste à l'heure pour le thé.

— Cette boîte de guinées qu'on croyait perdue à tout jamais a finalement été retrouvée ? s'exclama-t-il. Quelle histoire extraordinaire ! Et l'on soupçonne Mr Dene de... Bonté divine ! s'interrompit-il, frappé de stupeur. Justement, je viens de le voir, et il avait une guinée dans sa poche !

— Une guinée dans sa poche ! s'écria le capitaine Cockermuth, virant au même jaune que le gaz du lampadaire au-dessus de leurs têtes.

— Eh bien, oui. Elle était...

Mais Mr Badger se tut brusquement. Il venait de prendre conscience qu'il risquait de nuire à Sam Dene en parlant ; or il avait pour principe de ne jamais nuire à quiconque afin de ne se faire aucun ennemi, et ce, dans son propre intérêt.

— Je ne dirai rien de plus, capitaine Cockermuth. Cette affaire ne me regarde pas.

Mais le sergent Dutton ne l'entendit pas de cette oreille.

— Allons, Badger ! Vous devez nous dire tout ce que vous savez à propos de cette affaire. Au nom de la loi, je vous somme de parler. Alors, cette guinée ?

— Bon, dans ce cas... puisque vous m'y obligez et que vous me présentez les choses ainsi, répondit l'usurier, le dos au mur.

Mr Badger revenait présentement d'Edgar Street où il était allé rendre une nouvelle visite à Sam. Son intention n'était nullement de le harceler ; il évitait autant que possible d'user de cette dernière extrémité ; il venait simplement lui dire qu'il était prêt à échelonner le paiement de la dette en plusieurs traites – ce qui signifiait donc qu'il accordait à Sam un délai plus long pour rembourser la totalité de la somme. En cette fin d'après-midi, Sam l'avait reçu dans son petit meublé. Ils avaient eu une brève conversation, durant laquelle le jeune homme, fouillant nerveusement la poche de sa veste en quête d'un crayon, avait également sorti quelques pièces d'argent et une pièce d'or. Les yeux cupides de Mr Badger avaient aussitôt reconnu une guinée ancienne. Voilà pour les détails qu'il leur rapporta.

— Et qu'a-t-il *dit* à propos de cette guinée ? s'écria le capitaine Cockermuth, les yeux étincelants.

— Mais rien du tout, s'étonna Badger. Et moi non plus. Il l'a remise au fond de sa poche.

— J'espère que cela vous suffit *maintenant* comme preuve !

Telles furent les dernières paroles que Charles Cockermuth adressa au sergent de police après lui avoir souhaité bonne nuit.

Le lendemain matin, Sam Dene fut arrêté et déféré devant les magistrats. Son inculpation prononcée, les choses en restèrent provisoirement là ; Miss Betty, minée par les soucis, était alitée avec une terrible migraine et ne pouvait venir déposer. On remit donc Sam en liberté sous caution jusqu'au samedi.

3

Si vous aviez vu le vieux Jacobson entrer en trombe ce matin-là, vous auriez, j'en suis sûr, imaginé que toutes ses granges étaient en feu. Nous étions samedi, à Dyke Manor, et nous prenions notre petit déjeuner. Jacobson avait couru tout le long du chemin depuis Elm Farm, soit presque deux miles, n'ayant pas eu la patience d'attendre son cabriolet, et il surgit parmi nous, fort excité, le *Worcester Herald* à la main. Le squire fit un bond sur sa chaise ; Mrs Todhetley, qui était en train de verser du café dans une tasse, le répandit sur la nappe.

— Sapristi ! Que se passe-t-il, Jacobson ? s'écria le squire.

— Que se passe-t-il ? répéta Jacobson. Mais voilà ce qui se passe ! s'exclama-t-il en brandissant le journal. Il se passe que je vais traîner le directeur de ce torchon devant les tribunaux. C'est une conspiration montée de toutes pièces pour faire vendre du papier ; un mensonge éhonté. Il ne peut pas en être autrement, Todhetley ! Et je veux que vous veniez avec moi à Worcester. Mon cabriolet va arriver.

Lorsque nous eûmes repris nos esprits et pûmes parcourir le journal, nous découvrîmes le gros titre qui s'étalait en pleine page. Samson Reginald Dene avait été présenté aux magistrats en première instance, mardi matin, pour le vol d'une petite boîte en bois d'ébène sculpté contenant soixante guinées d'or, dérobée au domicile de Me Cockermuth, avocat ; et il était de nouveau convoqué aujourd'hui, samedi, pour instruction devant la chambre d'accusation.

— C'est du propre. Tomber là-dessus en ouvrant son journal au petit déjeuner ! glapit Jacobson en tapotant rageusement de l'index l'article incriminé. Mais je vais les traîner en justice ! Accuser *mon* neveu de pareille infamie ! Et vous allez m'accompagner, mon ami !

— Évidemment que je vais vous accompagner ! répondit le squire, dont la loyauté était à toute épreuve. Nous devions aller à Worcester, de toute manière ; j'ai des choses à y faire. Pauvre Sam ! La corde, Jacobson, c'est encore un châtiment trop doux pour ceux qui impriment ce journal.

On entendit arriver à vive allure le cabriolet de Mr Jacobson devant la grille ; notre propre attelage fut bientôt prêt. Le vieux Jacobson s'y installa à côté du squire, et moi derrière, avec Giles ; l'autre valet d'écurie, Blossom, conduisit Tod dans le cabriolet ; et nous partîmes dans les rafales du vent de mars. Il y avait beaucoup de monde sur la route : des fermiers et des gens du pays, à cheval ou en voiture, qui se rendaient au marché de Worcester.

En réalité, comme nous le découvrîmes, tout était vrai. Aucune erreur de la part du journal : l'article n'avait fait que rapporter l'instruction, telle qu'elle s'était déroulée devant les magistrats au palais de justice.

Nous allâmes d'abord voir Miss Cockermuth. Elle nous reçut courtoisement, ne sachant que penser ni que croire, assise au salon, dans sa robe vert clair en soie – qu'on avait sûrement dû tisser à l'époque de la reine de Saba –, le visage chiffonné et le bonnet tout de travers. On racontait que le vieux Jacobson avait été son prétendant, lorsque tous deux étaient jeunes, mais je ne me permettrais pas de l'affirmer. Ils se comportaient en tout cas de façon très amicale l'un envers l'autre, et parfois même, elle l'appelait « Frederick ». Il s'assit à côté d'elle sur le sofa de crin tandis que nous prenions des chaises.

Elle nous fit un récit – peu cohérent – des événements, reprenant toute l'histoire depuis le début. Même si, en vérité, on était encore loin d'en connaître le fin mot. Mais voilà, conclut-elle, arrivée au bout de son récit : la boîte avait disparu, et c'était véritablement un drôle de mystère, tout comme autrefois, quand on l'avait déjà cru perdue.

Mr Jacobson l'avait écoutée patiemment. Droit, élégant, il avait une mine resplendissante et ses yeux noirs étincelaient. Il portait ce jour-là une redingote bleue, aux boutons métalliques, et des bottes à revers. Il ne comprenait toujours pas cependant ce qui avait permis d'accuser Sam et le fit savoir à haute voix.

— Pour sûr ! s'écria le squire. Comment cela se fait-il, Miss Betty ?

— En réalité, dit Miss Betty, c'est qu'il n'y avait personne d'autre que Sam dans le salon au moment où la boîte a disparu. Mais tout est la faute de mon frère Charles ; il est tellement colérique, vous savez ! John s'est même terriblement fâché contre lui à cause de cette histoire.

— C'est impossible, Miss Betty ! lança Tod qui bouillait de rage. Sam Dene est incapable de faire cela. Un voleur a dû se faufiler par la porte d'entrée après que Sam a quitté la pièce.

— Eh bien, non, cela aurait été difficile, étant donné que Charles n'a plus quitté le perron à partir de ce moment-là, répondit timidement Miss Betty. Le jeune homme est sorti de la pièce, après quoi personne n'y est entré. Apparemment, ceci est un fait établi. Et c'est là que réside tout le problème.

La manière dont Miss Betty présentait les choses – et je peux déjà dire qu'aucune révélation, ni à cet instant ni plus tard, n'y viendrait rien changer – faisait de Sam Dene le principal suspect. Ceci, je crois, n'échappa pas au squire.

— Vous êtes certaine, je suppose, que la boîte se trouvait bien sur la table quand vous êtes sortie de la pièce, Miss Betty ? insista-t-il.

— Tout à fait certaine, monsieur, lui répondit-elle. C'est même la dernière chose sur laquelle mes yeux se sont posés ; en passant la porte, j'ai jeté un regard en arrière pour vérifier que rien ne traînait sur la table. Susan pourra vous le confirmer. Le sergent Dutton, de la police, pense que cette boîte est peut-être bien possédée par quelque démon farceur – il nous jouerait des tours à sa façon, voyez-vous. Et ma foi, je serais presque tentée de le croire.

Pendant que Miss Betty parlait, Susan entra, apportant des verres d'ale, et confirma les dires de sa maîtresse – lesquels n'avaient d'ailleurs nul besoin de l'être. La bonne déclara qu'en refermant la porte du salon derrière Miss Betty, elle avait elle aussi remarqué la boîte posée sur la table.

— Sam travaille-t-il au cabinet aujourd'hui ? demanda Mr Jacobson.

— Mon Dieu, non ! s'exclama Miss Betty d'un ton nerveux. Voyons, Frederick, il n'a pas remis les pieds ici depuis jeudi, le jour de son inculpation. Il n'allait tout de même pas revenir travailler avec cette accusation prononcée contre lui !

— En ce cas, nous ferions bien d'aller le trouver pour écouter ce qu'il a à dire, déclara Mr Jacobson en vidant son verre d'ale.

— Oui, allez-y, opina Miss Betty. Et assurez ce pauvre Sam que je suis vraiment désolée : on n'arrête pas de me harceler avec cette histoire, je n'en peux plus ! Et à propos de cette guinée qu'on a trouvée dans sa poche, dites-lui aussi que, d'après moi, elle est sûrement arrivée là par un fâcheux concours de circonstances.

— On a trouvé une guinée dans la poche de Sam ? s'exclama Mr Jacobson, complètement sidéré.

— À ce qu'il paraît, répondit Miss Betty. La police l'a fouillé, vous savez.

Me Cockermuth arriva au moment où le squire et Mr Jacobson prenaient congé. Ils s'engouffrèrent tous ensemble dans le cabinet de l'avocat, tandis que Tod et moi filions de notre côté au domicile de Sam Dene, dans Edgar Street : du moins, nous filâmes aussi vite que nous le pûmes à travers les rues bondées en ce samedi matin. Une jeune servante nous apprit que Sam était sorti, et tandis que nous parlementions avec elle, Mrs Parslet entrebâilla la porte du salon.

— Je ne pense pas que Mr Dene en ait pour longtemps, dit-elle. Il est convoqué au palais de justice ce matin et va certainement repasser ici avant de s'y rendre. Vous pouvez l'attendre, si vous voulez.

Elle nous fit entrer dans le salon, où elle était occupée à marquer des draps, des taies d'oreiller et des serviettes à l'encre indélébile : la table était couverte de linge de maison. Tod lui annonça que Mr Jacobson était à Worcester, ajoutant qu'il était vraiment honteux qu'on accusât Sam Dene de vol.

— C'est bien notre avis, déclara Mrs Parslet, une femme vive et volubile, grande, mince, et d'un commerce fort agréable. Mon mari dit que cela fait des années qu'il n'avait pas vu Me Cockermuth aussi contrarié. L'avocat a même dit à son frère qu'il aurait mieux fait de mener sa petite enquête discrètement, au lieu d'envoyer la police arrêter Mr Dene.

— Alors pourquoi l'a-t-il laissé faire, Mrs Parslet ?

Elle contempla Tod, un peu surprise par la question.

— Me Cockermuth n'était au courant de rien ; vous pouvez en être sûr ! Il n'avait pas encore eu vent de l'affaire que le capitaine Cockermuth avait déjà fait convoquer le jeune homme au Guildhall et déposé plainte contre lui. Cette histoire de boîte, c'est un drôle de mystère ! Il y a des objets comme ça qui portent malheur.

À cet instant, la porte s'ouvrit, et une jeune dame entra dans le salon. C'était Maria. Quel joli visage elle avait ! Et quels yeux, pleins de bonté et d'intelligence ! Et quelles manières, si douces ! Les amis de Sam prétendaient qu'il était amoureux d'elle – mais on ne pouvait guère l'en blâmer.

Sam, toutefois, n'arrivait toujours pas, et nous ne pouvions pas l'attendre indéfiniment. Tod ne voulut point patienter plus longtemps, aussi nous prîmes congé.

Remontant High Street d'un pas vif, nous passâmes devant chez Rousse, le pâtissier, dans la devanture duquel nous aperçûmes un plateau de dublinoises sortant tout droit du four et ne demandant qu'à être dégustées. On donne aussi parfois à ces petites brioches le nom de doublenoises – à cause de leur forme, j'imagine – et, aujourd'hui encore, je ne sais toujours pas quelle appellation est la bonne.

Mais nous filâmes, le pied léger, fendant la cohue qui régnait autour du palais de justice et des halles, jusqu'au pâtissier suivant, où des tartelettes aux pommes attirèrent notre regard. D'aucuns se souviennent encore, peut-être, du goût fabuleux de ces tartelettes d'antan. Cette fois-ci, nous entrâmes, bien décidés à leur faire un sort.

Alors que nous nous régalions, nous vîmes soudain passer Sam Dene, qui marchait à toute vitesse. Nous nous précipitâmes dehors à sa poursuite. Heureusement, Mrs Mountford, qui se trouvait dans la boutique à ce moment-là, nous connaissait, car l'on aurait pu s'imaginer que nous voulions nous sauver sans payer.

Sam Dene, pressé de questions par Tod, laissa exploser sa fureur ; il se répandit sans retenue aucune en injures, visant tout le monde en général et le capitaine Cockermuth en particulier, sachant qu'il ne risquait rien tant que les magistrats qui allaient juger son cas, et qui devaient déjà en ce moment même rejoindre leurs sièges au Guildhall, n'étaient pas à portée de voix.

— C'est une honte, un scandale, Todhetley ! Porter contre moi si grave accusation et me traîner au tribunal comme un criminel ! Et pire encore, colporter cette rumeur dans toute la ville et dans tout le comté, pour que la presse en fasse ses choux gras et raconte que moi, Sam Dene, je ne suis qu'un vulgaire voleur !

— Bien sûr que c'est une honte, Sam, un vrai scandale ; c'est de la diffamation, tous tes amis le savent ! s'écria Tod, plein de compassion. Mon père veut même faire pendre les imprimeurs. Mais où donc a bien pu passer la boîte, à ton avis ?

— À mon avis ? Eh bien... c'est ce fou furieux de Charles Cockermuth qui doit l'avoir. Il était si content de l'avoir retrouvée, sa fameuse boîte, qu'il a complètement perdu la tête. Il a dû entrer dans le salon, la ranger quelque part et oublier où il l'avait mise ; à moins qu'il ne l'ait glissée dans sa poche et se la soit fait voler dans la rue. Oui, voilà mon avis. Il a complètement perdu la tête, je vous l'affirme.

— Et cette fable que ces misérables ont inventée, à propos de la guinée trouvée dans ta poche, Sam ?

— Oh, mais quelle barbe ! Elle est à moi, cette guinée. Promis juré. Voilà ! À présent il faut vraiment que j'y aille, ajouta Sam, repartant à grandes enjambées dans High Street. Je devrais déjà être au palais de justice à l'heure qu'il est ; je ne suis qu'en liberté sous caution. Mais vous n'avez qu'à venir avec moi.

— Va donc payer nos tartelettes, Johnny ! me lança Tod en glissant son bras sous celui de Sam Dene.

Je retournai dans la pâtisserie, jetai un shilling sur le comptoir, expliquant que j'ignorais combien nous avions mangé de tartelettes - dix peut-être - et que je n'avais pas le temps d'attendre ma monnaie.

Me frayant un chemin parmi les femmes du marché et leurs paniers dans la cour du Guildhall, je rejoignis Austin Chance. Son père ayant, de par sa profession, des relations au palais de justice, Chance avait dit qu'il me ferait entrer.

— Alors c'est vrai que la police a trouvé une guinée sur lui ?

Chance fit la grimace.

— Ce qui est sûr, c'est qu'ils en ont trouvé une *en le fouillant*...

— De quel droit l'ont-il fouillé ?

— Ça, je n'en sais rien, répondit Austin avec un petit rire. Mais ils l'ont fait. Et j'ai bien peur, mon cher Ludlow, que cette guinée trouvée sur Sam ne plaide pas en sa faveur. Mais Maria Parslet, en revanche, peut prouver que la guinée appartient bien à Sam, paraît-il, et mon père aurait une assignation pour la faire comparaître aujourd'hui. Il a pris l'affaire de Sam en main ; mais il reste bouche cousue à ce sujet et ne veut rien me dire.

— Est-ce que tu crois que Sam aurait pu voler la boîte, Chance ?

— Non, je ne pense pas. Je ne le crois pas capable d'une pareille mesquinerie ; ne serait-ce qu'à cause du risque encouru. Le problème, c'est que dans cette affaire, toutes les apparences sont contre lui. Quant à savoir où est passée cette fichue boîte, ce n'est sûrement pas nous autres, pauvres mortels, qui pourront le dire. Allez, suis-moi.

4

En un rien de temps, toute la ville de Worcester s'était passionnée pour l'affaire Sam Dene. Il y avait tout d'abord eu l'étrange découverte de la boîte de guinées, celle-là même qui avait mystérieusement disparu durant de longues années, puis sa seconde et non moins mystérieuse disparition, à laquelle s'ajoutait maintenant le soupçon que Sam Dene l'avait volée : tous ces événements avaient causé un grand émoi dans la Cité Fidèle[1], dont les braves gens se demandaient si le monde ne marchait pas sur la tête.

Le jeudi matin, quand la police fouilla le prisonnier après avoir procédé à son arrestation et trouva sur lui la guinée – ayant au préalable été informée qu'il en avait une en sa possession –, la culpabilité de Sam Dene semblait d'ores et déjà établie. Sam déclara, avec indignation, que cette guinée était à lui, que c'était un

1. Surnom donné à la ville de Worcester.

héritage, et il maintint si farouchement ses dires que la police finit par lui rendre la pièce. Mais devinez ce que Sam fit ensuite ? Une fois sa liberté provisoire accordée par les magistrats – étant entendu qu'il devrait revenir samedi –, il courut chez un forgeron, fit percer un trou dans la guinée et l'accrocha à sa chaîne de montre, sur son gilet, de manière que tout le monde pût bien la voir. C'est avec cet esprit de défi – ou de bravade, comme disaient les gens de la ville – qu'il réagit à sa mise en accusation. On avait également fouillé son domicile, en quête des autres guinées, mais sans rien trouver.

L'heure de l'audience de samedi – midi – sonna, alors que je fendais tant bien que mal, avec Austin Chance, la foule compacte qui se pressait devant le Guildhall. Si le père d'Austin n'avait pas été un homme influent et bien connu des huissiers, jamais nous n'aurions pu pénétrer à l'intérieur.

L'accusé, dont on énonça le nom complet, Samson Reginald Dene, était debout à la place réservée aux prisonniers, avec sur son beau visage une expression glaciale, pleine de défi. Aussi près de lui qu'il était possible se tenait Tod, arborant le même air de défi. Le capitaine Charles Cockermuth, en tant que plaignant, leur faisait face, troisième personnification du défi ; Me Cockermuth, qui entrait à cet instant avec l'oncle de Sam, Mr Jacobson, avoua à ce dernier qu'il regrettait bien de ne pouvoir réexpédier son frère à Hanovre sur-le-champ. Le squire Todhetley, en sa qualité de magistrat local, siégeait avec les autres membres de la cour, mais ne devait pas intervenir dans les débats.

On ouvrit la séance. Le capitaine Cockermuth raconta que son bien, une petite boîte contenant soixante guinées d'or, était restée dans la demeure de son frère, sur la table du salon, pièce où l'accusé était la seule personne à se tenir à ce moment-là, et que la boîte avait disparu. Lui-même – qui se tenait à la porte d'entrée – avait vu l'accusé sortir du salon ; le capitaine était retourné à l'intérieur presque immédiatement, mais la boîte n'était plus là. Il jura que personne d'autre n'était entré dans la pièce après que le prisonnier l'avait quittée.

Miss Betty Cockermuth, tremblante et rougissante, était le témoin suivant. Elle déclara être restée dans le salon presque toute la matinée et confirma que la petite boîte se trouvait sur la table ; elle était ensuite sortie, laissant Mr Dene seul dans la pièce, où il faisait copie d'une lettre pour Me Cockermuth ; la boîte était alors encore sur la table. Susan Edwards, domestique chez les Cockermuth, raconta la même chose. C'était elle qui était venue chercher sa maîtresse et elle se rappelait pareillement avoir vu la boîte posée sur la table.

L'un des magistrats demanda à l'accusé ce qu'il avait à dire pour sa défense. Celui-ci, parlant sans détour, déclara qu'il n'avait rien à opposer à leurs affirmations, si ce n'est qu'il ne savait absolument pas ce qu'il était advenu de la boîte.

— Avez-vous vu la boîte sur la table ? lui demanda l'avocat de la partie adverse, Me Standup.

— Oui, je l'ai aperçue en entrant dans la pièce. Miss Betty m'a fait une remarque au sujet de cette boîte, attirant ainsi mon attention sur celle-ci. J'étais assis au fond de la pièce, occupé à des travaux d'écriture sur le petit secrétaire de Me Cockermuth. Mais ensuite, je n'y ai plus pensé du tout.

— Avez-vous vu si elle était encore là après le départ de Miss Cockermuth ?

— Non, je n'en sais rien et je ne m'en souviens pas, répondit Sam. À dire vrai, je ne me préoccupais que de la lettre que j'étais en train de copier.

— Quelqu'un est-il entré dans la pièce après le départ de Miss Cockermuth ?

— Non, personne n'est entré. On s'est juste contenté d'ouvrir la porte et de jeter un œil à l'intérieur.

C'était une nouvelle inédite. La salle, tout ouïe, retint son souffle.

— Mais j'ignore qui c'était, poursuivit Sam. J'étais penché sur ma feuille quand j'ai entendu la porte s'ouvrir et se refermer rapidement. Quelqu'un qui cherchait M^e^ ou Miss Cockermuth, je suppose, et qui est reparti, voyant qu'ils n'étaient pas là.

— Cette personne aurait-elle pu s'avancer jusqu'à la table et prendre la boîte ? s'enquit le président de la cour.

— Non, monsieur. Assurément non ! répéta Sam, avec dans la voix une intonation de défi, plus vibrante encore que les fois précédentes, et dont il était le seul à connaître la raison. La personne en question a dû passer la tête à l'intérieur – oui, sans aucun doute –, mais elle n'a pas mis les pieds dans la pièce.

On interrogea le capitaine Cockermuth à ce sujet : avait-il remarqué si quelqu'un était allé jusqu'à la porte du salon pour jeter un regard à l'intérieur ? Il protesta, vert de rage – car il pensait que c'était une invention de Sam –, jurant qu'il ne s'était rien produit de tel, que personne, absolument personne, ne s'était approché de la porte du salon.

On aborda ensuite la question de la guinée de Sam, qui se balançait à sa chaîne de montre, où elle brillait effrontément, comme un cuivre astiqué. Les juges avaient déjà interrogé Sam à ce sujet jeudi, et il avait répondu avec une effronterie tout aussi éclatante.

C'était l'oncle de son père, feu Thomas Dene, qui lui avait donné la guinée ; le vieil homme avait prétendu, en plaisantant, que s'il la conservait avec lui, il serait assuré de ne jamais être à court d'argent. Sam avait donc gardé la pièce ; jusqu'à aujourd'hui, il ne s'en était jamais séparé. Il la rangeait dans la poche d'une vieille valise en cuir, qui contenait quelques lettres de son père et deux ou trois autres objets auxquels il tenait. Non, il n'avait pas l'habitude de sortir la guinée de sa cachette pour la regarder, avait-il rétorqué après qu'on l'avait questionné avec un peu d'insistance ; cela faisait des mois et des mois qu'il n'avait pas touché à sa pièce – ni à la valise, qui était rangée au fond d'une malle –, peut-être même des années, oui, pour autant qu'il s'en souvînt. Mais mardi soir, comme il racontait l'histoire des guinées à Miss Parslet, il était allé chercher la sienne pour la lui montrer ; il avait ensuite glissé la pièce dans sa poche, où la police l'avait trouvée ce jeudi. Tel avait été en substance le contenu de sa première déposition, qu'il répéta devant la cour.

— Connaissez-vous, jeune homme, celui dont on dit qu'il pousse les hommes au mensonge ? lança le juge Whitewicker d'une voix sentencieuse, soupçonnant le prisonnier d'avoir inventé cette histoire de toutes pièces.

— J'en ai entendu parler, répondit Sam. Mais pour ma part, je ne l'ai jamais rencontré. Peut-être le connaissez-vous mieux que moi, monsieur.

Un petit rire secoua les autres membres de la cour, à la grande irritation du juge Whitewicker. Sam ajouta qu'il songeait depuis longtemps à transformer sa guinée en pendentif, et qu'il s'y était enfin décidé. Il donna une chiquenaude à la pièce, indifférent aux regards braqués sur lui.

Évidemment, il n'y avait rien à attendre de bon de la part d'un criminel endurci comme lui ; et le juge Whitewicker, persuadé qu'il n'y avait rien de plus grandiose sur terre que le son de sa propre voix vibrant dans une salle d'audience, entreprit de dire à Sam ses quatre vérités. Alors qu'il parlait, un frémissement parcourut tout à coup l'assemblée : Maria Parslet venait d'arriver, conduite par Me Chance ; le père de la jeune femme, triste et craintif, comme à son habitude, marchait derrière eux. Me Cockermuth se poussa pour faire un peu de place à son clerc à côté de lui – son attitude me plut. Maria avait l'air d'une parfaite demoiselle, sage, gentille et jolie. Elle portait une robe de soie noire, étant en demi-deuil, ainsi qu'un fin bonnet blanc.

Mr Dene avait été invité à se joindre à eux dans le salon pour le thé, mardi, en fin d'après-midi, déclara Maria dans sa déposition, en réponse aux questions posées ; ce jour-là arrangeait tout le monde, ainsi qu'elle l'expliqua en résumant succinctement la situation. Alors qu'ils attendaient ensemble que son père arrivât, Mr Dene lui avait raconté que l'on avait retrouvé la boîte de guinées chez Me Cockermuth. Elle lui avait alors dit que la guinée était une monnaie qui n'avait plus cours depuis longtemps, et qu'elle n'était même pas sûre d'en avoir jamais vue. À ces mots, Mr Dene lui avait répondu qu'il en possédait une, qu'un vieil oncle lui avait donnée des années plus tôt ; et il était monté la chercher dans sa chambre pour la lui montrer. Oui, elle était certaine de ne pas se tromper, rétorqua Maria aux insinuations dubitatives du juge Whitewicker ; et l'on voyait bien, dans ses beaux yeux noisette, qu'elle disait la vérité et qu'elle était sincère ; elle avait touché la guinée, l'avait même prise dans sa main quelques instants.

— Vous l'avez touchée et tenue dans votre main, Miss Parslet ? répéta Me Standup. Pourriez-vous alors nous la décrire, s'il vous plaît ?

— C'était une pièce très plate et tout usée, répondit Maria. Plus plate encore qu'un souverain, je pense, mais un peu plus grande ; la tranche semblait très fine, à cause de l'usure sur les bords.

— Quel profil figurait sur la face ? Quel roi ?

— George III. Je l'ai remarqué, je m'en souviens.

— Mais dites-moi, jeune dame, ne pensez-vous pas que l'accusé a peut-être tout simplement pris cette jolie guinée au fond de sa poche, plutôt que dans je ne sais quelle valise à l'étage ? fit Me Standup.

— Je suis en tout cas sûre et certaine qu'il ne l'a pas prise dans sa poche tant qu'il était avec moi, répondit Maria. Il a grimpé l'escalier quatre à quatre, disant qu'il allait me rapporter sa guinée : il n'avait rien dans les mains à ce moment-là.

Là-dessus, Me Chance demanda à son éminent collègue pourquoi il perdait tant de temps en questions inutiles ; il se permettait de lui rappeler que la boîte avait disparu dans la matinée du mercredi, et que, par conséquent, mardi soir, l'inculpé ne pouvait pas avoir déjà fait main basse sur son contenu.

— Veuillez, s'il vous plaît, m'épargner vos commentaires, rétorqua Me Standup, avec un signe de tête. Laissez-moi poser mes questions, je sais parfaitement ce que je fais. Miss Parslet, écoutez-moi bien, je vous prie : la guinée que vous dites avoir vue était-elle intacte ou bien percée d'un trou ?

— Elle était intacte, monsieur.

— Et qu'est-elle devenue ensuite ?

— Je crois que Mr Dene l'a mise dans la poche de son gilet, mais je n'y ai pas vraiment prêté attention. Mon père est arrivé peu de temps après, et nous avons alors pris le thé avec lui. Ensuite, aucun de nous n'a reparlé de la guinée devant mon père ; ou sinon, cela m'a échappé. Mais lui et Mr Dene ont parlé de la boîte de guinées qui venait d'être retrouvée.

— Quelqu'un est venu vous rendre visite pendant que vous preniez le thé, qui était-ce ?

— C'était le jeune Mr Chance. Nous avions fini notre thé à ce moment-là, et Mr Dene l'a emmené avec lui dans son petit salon à l'étage.

— Je ne vous interroge pas au sujet de Mr Chance ; nous examinerons son cas un peu plus tard, répliqua Standup d'un ton un peu rogue, mais nullement malveillant. Non, je vous parle de l'autre visite que vous avez reçue, qui était-ce ?

Maria, qui n'avait cessé tantôt de rougir, tantôt de pâlir, depuis qu'elle avait pris place à la barre, devint livide. C'était Mr Badger qui avait sonné à la porte, répondit-elle, et Mr Dene était sorti pour discuter avec lui. Effrayée par Me Standup qui cherchait à savoir si Mr Badger était venu réclamer de l'argent au jeune homme, elle finit par concéder que c'était ce qu'elle croyait, sans toutefois pouvoir l'affirmer, faute d'avoir bien entendu leur conversation.

Le témoin suivant était l'humble Mr Parslet. Il fut bien obligé d'avouer qu'il avait, lui, tout entendu de la conversation. Mr Badger était venu exiger le remboursement d'une certaine somme d'argent que Mr Dene lui devait ; mais Mr Parslet ne pouvait pas en préciser le montant, car il n'en savait rien du tout. Non, pas un shilling, répondit-il ensuite, lorsqu'on lui demanda si l'inculpé lui devait de l'argent à lui aussi ;

Mr Dene n'avait même jamais essayé de lui en emprunter et payait son loyer régulièrement.

On fit alors appeler Mr Badger ; l'homme était maigre et raide comme un tisonnier ; il déposa à contrecœur, la voix mielleuse, le ton obséquieux. Mr Dene lui empruntait de l'argent depuis quelque temps déjà ; la somme due, estima Mr Badger, devait à ce jour représenter à peu près vingt livres, intérêts compris. Il avait maintes fois réitéré ses demandes de remboursement mais n'obtenait jamais que des promesses de paiement différé, assorties d'excuses douteuses – selon lui. Oui, bien sûr, s'il était passé mardi, en fin d'après-midi, c'était pour réclamer son dû ; il n'avait ni cédé à la colère ni même haussé la voix, oh, grand Dieu, non ! Mais il avait fait savoir à l'accusé que celui-ci pouvait lui verser un acompte s'il le désirait, puis il avait donné à Mr Dene une semaine pour lui rembourser une partie de la somme, sans quoi il irait directement traiter avec Mr Jacobson à Elm Farm. En vérité, Mr Badger n'avait pas réellement l'intention d'ennuyer Mr Jacobson, il ne voulait causer de tort à personne ; seulement, il était bien fâché de la désinvolture du jeune homme, qui à ses yeux frisait l'indifférence. D'autant qu'il n'ignorait pas que Mr Dene avait d'autres dettes.

Je vous laisse imaginer l'effet de ces déclarations sur le vieux Mr Jacobson, qui n'en croyait pas ses oreilles. Il en conclut aussitôt que Sam avait repris ses mauvaises habitudes, comme à Londres ; ce petit sacripant devait de l'argent partout, et lui seul savait combien ; et Mr Jacobson de brandir le poing en direction de Sam dans la salle du tribunal.

Me Standup appela ensuite le jeune Austin Chance à la barre, à la grande surprise de celui-ci ; et peut-être aussi de son père. On l'interrogea sur quantité de choses : s'il savait, notamment, que l'accusé devait de grosses sommes d'argent, et si celui-ci lui avait montré une guinée à son domicile d'Edgar Street dans la soirée de mardi. Austin Chance se doutait bien que Sam Dene devait un peu d'argent à droite et à gauche, mais à sa connaissance, pas de grosses sommes ; quant à la guinée, il ne l'avait pas vue et n'en avait même pas entendu parler. Austin prononça ces mots avec toute l'insolence dont il se sentit capable, sans cacher son animosité envers Me Standup.

Bref, inutile de rapporter ici dans le détail l'ensemble des débats. Quand ceux-ci furent achevés, les magistrats se mirent à discuter entre eux à voix basse. Leurs échanges furent vifs, certains inclinant manifestement pour la culpabilité de Sam, d'autres pour son innocence. Finalement, ils parvinrent à un verdict, qu'ils rendirent comme suit :

— Bien que cette affaire présente indubitablement des éléments propices à engendrer de fortes présomptions à l'encontre de l'inculpé, Sam Reginald Dene...

— Des présomptions très fortes, insista le juge Whitewicker d'un ton sévère.

— ... nous ne les considérons pas suffisantes pour justifier d'une mise en accusation en vue d'un procès ; par conséquent, nous lui accordons le bénéfice du doute et levons les charges qui pèsent sur lui. Si toutefois des éléments nouveaux devaient être apportés dans cette affaire, l'inculpé pourra être rappelé devant la cour.

— C'est le témoignage de Maria Parslet qui l'a innocenté, murmurait-on dans la foule, tandis que les membres de la cour se levaient.

Et je pense moi aussi qu'il doit son salut à la jeune fille. La sincérité et la crédibilité de sa déposition ne faisaient aucun doute.

Mr Jacobson eut ensuite avec Sam une « entrevue », comme disent les Américains, et ladite entrevue fut loin d'être cordiale. De fort méchante humeur, Mr Jacobson ne mâcha pas ses mots. Il interdit à Sam de jamais remettre les pieds à Elm Farm, il n'y reviendrait que « quand les poules auraient des dents » ; et puisque Sam préférait n'en faire qu'à sa tête, ajouta-t-il, il n'avait qu'à financer ses frasques par ses propres moyens, car ce n'était plus la peine qu'il compte sur son oncle.

Les manières cinglantes du squire avec les chevaux, Bob et Blister, sur le chemin du retour – signe que son exaspération était aussi vive que celle du vieux Jacobson, car lui aussi aimait beaucoup Sam –, ainsi que le concert de récriminations auxquels ils se livrèrent tous deux à son sujet étaient édifiants. Cela amusa Tod, pas moi. Le retour du cabriolet avait été confié aux deux palefreniers.

— Je crois que Sam n'a pas volé la boîte, monsieur, dis-je tout à coup, interrompant Mr Jacobson au milieu d'une violente tirade.

Il tourna la tête et me fusilla du regard.

— Que dites-vous, Mr Ludlow ? *Vous croyez que Sam n'a pas volé la boîte ?*

— Oui, pour moi, c'est évident : il ne l'a pas prise, je le sais. J'ai rarement été aussi sûr de quelque chose.

— Évident ? tonna le squire. Pourquoi est-ce évident, Johnny ? Qu'est-ce qui vous permet d'être si affirmatif ?

— Sa figure et sa voix, quand il a nié les accusations portées contre lui, monsieur. Il m'a suffi de le voir et de l'entendre pour savoir qu'il disait la vérité.

Eux ne savaient s'ils devaient rire ou se fâcher de ma remarque. Le squire fit observer qu'il me reconnaissait bien là ; oui, Johnny pensait toujours qu'on pouvait deviner les secrets d'un homme à sa mine ou à sa voix. Mais ils auraient allégrement consenti à jeter aux orties leurs beaux chapeaux du dimanche pour me croire.

5

Samson Reginald Dene échappa donc à la mise en accusation et obtint un non-lieu ; mais il était malgré tout ruiné. On ne parlait que de cela à Worcester. Tout au long de la semaine suivante – la semaine de la Passion –, les gens de la ville se préoccupaient bien moins de leurs prières que de Sam dans leurs conversations.

Si nul ne doutait de la sincérité du témoignage de Maria Parslet, une nouvelle hypothèse commençait néanmoins à faire son chemin dans les esprits. Me Standup ne s'était d'ailleurs pas retenu de la formuler dès l'audience de samedi. Et à présent, des centaines de langues s'en faisaient l'écho. Sam Dene, on s'en souvient, se trouvait chez les Cockermuth mardi, lorsqu'ils avaient retrouvé la boîte ; il était même venu dans le couloir et avait effleuré les guinées d'or du bout des doigts ; ce faisant, il aurait fort bien pu subtiliser discrètement une pièce. Et ensuite exhiber cette fameuse guinée devant Maria, une fois rentré chez les Parslet pour le thé ! Le capitaine Cockermuth admettait qu'en comptant les guinées, il avait eu l'impression d'être arrivé à soixante ; mais comme il savait à l'avance que la boîte contenait – ou aurait dû contenir – ce nombre de pièces, peut-être s'était-il trompé et avait-il compté soixante guinées alors qu'il n'y en avait que cinquante-neuf. Cela n'avait rien d'impossible.

Cependant, l'opinion populaire était divisée. Si la moitié de la ville jugeait que Sam était coupable, l'autre moitié le croyait innocent. Dans chacun des deux camps, les arguments ne manquaient pas. Pour un jeune homme qui n'avait pas un sou vaillant et se savait criblé de dettes effarantes, soixante guinées d'or représentaient une aubaine bien alléchante ; sur ce point, nul ne se voilait la face. Tout le monde finit aussi par apprendre que Mr Jacobson, l'oncle du jeune homme, son plus fidèle défenseur, lui avait interdit de remettre les pieds chez lui et ordonné de se débrouiller tout seul désormais.

Sam en conçut un profond dépit et se drapa dans son orgueil. Au lieu de ravaler sa honte en se faisant tout petit, il paradait en ville, la tête haute et le port altier, exhibant insolemment la guinée d'or à son gilet. Il eut même l'outrecuidance de se montrer à l'église le Vendredi Saint et de s'asseoir parmi l'assemblée des fidèles – où tout le monde le regardait de travers –, pour assister au service sobre du jour : pas de chants, pas d'orgue, surplis noirs pour les petits chanteurs du chœur habituellement vêtus de blanc.

Mais le sommet de l'effronterie restait à venir. Avant la fin de la semaine pascale, Sam Dene trouva un deux-pièces dans un quartier bien en vue de la ville et ouvrit son cabinet. Sur la porte d'entrée, il avait apposé une grande plaque de laiton portant son nom : MAÎTRE DENE, AVOCAT. Ses amis louèrent son courage, ses ennemis s'offusquèrent de son impudence. Le capitaine Cockermuth prophétisa que le plafond du cabinet s'écroulerait sur la tête de son occupant véreux, car c'était son or qui avait servi à payer tout cela.

Les Cockermuth, comme les gens de la ville, étaient partagés. Me Cockermuth ne croyait pas Sam coupable, même si le mystère entourant la disparition de la boîte le troublait grandement, comme rarement il avait été troublé dans son existence. Il aurait volontiers repris Sam dans son cabinet, mais il savait bien que ce n'était pas une bonne idée. Quant au capitaine Cockermuth, inutile de revenir sur ses convictions. Miss Betty, elle, ne savait que penser ; elle inclinait tantôt pour un point de vue, tantôt pour un autre, mais son désarroi restait identique dans les deux cas.

Une mère est la seule personne au monde qui ne vous abandonne jamais. Mrs Dene était une petite dame encore très charmante ; elle s'était précipitée à Worcester, résolue à défendre son fils bec et ongles. Sam lui donna bien évidemment sa version des faits ; il était le seul à savoir si c'était ou non la vérité, mais sa mère le croyait sur parole, et aucun ange parmi les cieux n'aurait pu ébranler la foi qu'elle avait en son fils. À sa connaissance, déclara-t-elle, Sam avait bien reçu la guinée de son vieil oncle.

On présumait que c'était Mrs Dene qui avait avancé l'argent pour que Sam puisse s'installer ; c'était en tout cas certainement Mrs Dene qui avait acheté un lit pliant – chez le vieux Ward –, ainsi qu'un gril et une théière, un guéridon, une ou deux chaises, bref, de quoi meubler la pièce attenante au petit bureau, afin que Sam pût y vivre, avec six pence par jour, ou à peu près, jusqu'à ce que ses affaires démarrent. À voir le visage plein d'espoir de Sam, on comprenait qu'il comptait bien réussir et étouffer le scandale.

Il suffisait d'observer les choses d'un œil impartial pour comprendre également que Sam avait ouvert son cabinet moins par orgueil que par besoin. Quelle autre voie s'offrait-elle à lui ? Personne ne voulait l'engager comme clerc, avec la casserole qu'il traînait. Il paya une partie de ses dettes et s'engagea à rembourser le reste avant la fin de l'année. On murmurait que Mrs Dene avait sorti l'argent de sa poche. Mais les adversaires de Sam ne s'en laissèrent pas conter. Pour eux, les fonds provenaient de la boîte en ébène ; oui, Charles Cockermuth en avait apporté la preuve, c'était clair comme de l'eau de roche.

Mais il est une chose que moi, Johnny Ludlow, je ne comprenais pas, et que je ne comprendrai sans doute jamais : les gens de Worcester prirent également leurs distances avec Maria Parslet, la traitant avec un mépris hautain. L'école où elle était professeur lui envoya un mot aussi poli que froid, pour lui dire que ce n'était pas la peine qu'elle revienne après les vacances de Pâques. Et l'on suivit l'exemple. De pieux personnages la jugeaient parfaitement capable de mentir pour défendre Sam, de s'engager presque aussi loin que lui sur la voie du mal.

C'était de la folie. Charles Cockermuth lui-même affirmait que cela n'avait aucun sens d'adresser des reproches à Maria : Sam l'avait bien évidemment dupée en prétendant que la guinée lui appartenait, comme il avait dupé tout le monde. Ensuite, les gens de la ville la traitèrent « d'effrontée » parce qu'elle avait osé témoigner en public au tribunal. Mais comment Maria eût-elle pu faire autrement ? On ne lui avait pas laissé le choix. Pour sa part, elle aurait préféré s'enfermer à double tour dans le cellier. Mais Me Chance avait fait irruption chez elle ce samedi matin-là – moins de dix minutes après notre départ –, sans en informer quiconque, et l'avait emmenée avec lui *manu militari*, sans même lui demander son avis. Ce n'était pourtant pas dans ses habitudes de se comporter ainsi.

Quand elle eut vent de l'injustice faite à Maria, la douce Miss Betty s'indigna. Pourquoi les gens en avaient-ils après la jeune fille ? se demandait-elle. Elle invita Maria à Foregate Street le dimanche suivant et partit avec elle bras dessus bras dessous pour l'église – celle de St Nicholas –, assistant aux offices du matin et de l'après-midi.

Les jours et les semaines passant, l'agitation finit par retomber ; on cessa de parler de Sam et de ses méfaits. On ne pouvait tout de même pas passer son temps en récriminations. Pour Sam, les affaires étaient loin d'être florissantes ; les clients potentiels évitaient soigneusement sa porte ; parfois, il n'avait pas plus de six pence par jour pour vivre, et il regardait vraiment à la dépense chaque fois qu'il devait débourser un demi-penny de plus. Son visage s'était creusé, ses yeux bleus voilés de mélancolie, mais il gardait vaillamment le sourire.

— Ainsi, vous fréquentez toujours le jeune Dene, dit Me Chance à son fils, un soir, après le dîner, car il avait vu les deux jeunes gens ensemble ce jour-là.

— Mais oui, pourquoi cesserais-je de le voir ? répliqua Austin.

— Vous pensez qu'on l'a accusé à tort, je suppose ?

— En effet, père. Il me l'a dit et répété lui-même, en des termes si convaincants que je ne peux que le croire. Et puis, comme je l'ai toujours dit, Sam n'est pas le genre de garçon qui pourrait mal tourner ; non, il n'a vraiment pas l'âme d'un voyou, je le sais.

— Et s'est-il fait une petite clientèle ?

— Très petite, j'en ai peur.

Mr Chance n'était pas un homme sans cœur. Il inclinait à penser que Sam n'avait effectivement pas touché aux guinées, mais en même temps, il n'avait aucun moyen d'en être tout à fait sûr : comme Miss Betty, il ne cessait de changer d'avis, s'orientant tantôt d'un côté, tantôt de l'autre, comme une girouette. Si Sam n'était pas coupable, pourquoi le destin s'acharnait-il de la sorte sur lui ? Et surtout, comment tout cela allait-il finir ? Telles étaient les pensées qui traversaient l'esprit de l'avocat tandis qu'il parlait à son fils, en jouant avec sa collection de sceaux et de cachets, accrochés suivant l'ancien usage à une grosse chaînette en or.

— J'aimerais lui dire un mot, s'il voulait passer me voir ! s'écria soudain l'avocat. Oui, allez le chercher, Austin, ramenez-le-moi.

— Quoi... ce soir ? s'exclama Austin.

— Mais oui, pourquoi pas ? Ce soir, c'est très bien, tout autant qu'un autre moment de la journée.

Austin Chance partit sur-le-champ pour le nouveau cabinet de son ami, qu'il trouva assis devant son plateau à thé, dans la petite pièce du fond ; il y avait une miche de pain et du beurre sur la table, un hareng saur sur le gril.

— Pas eu le temps de manger aujourd'hui ; j'ai eu trop à faire, s'excusa Sam en rougissant un peu. Me Chance me réclame ? Bien, j'arrive. Que me veut-il ?

— Je ne sais pas, répondit Austin.

Et ils partirent.

L'avocat, debout devant la fenêtre, les mains dans les poches de son pantalon poivre et sel, faisait tinter des pièces de monnaie. Austin, comprenant qu'il était de trop, les laissa tous les deux seuls et referma la porte derrière lui.

— Je réfléchis beaucoup à votre affaire depuis quelque temps, Mr Dene, commença Me Chance en lui proposant un siège avant de s'asseoir à son tour.

Et j'aimerais, si possible, avoir plus de certitudes que je n'en ai actuellement ; peu m'importe qu'elles fassent pencher la balance d'un côté ou de l'autre.

— Oui, monsieur, répondit Sam.

Vous noterez avec plaisir qu'en ce temps-là les bonnes manières ne s'étaient point encore dégradées jusqu'au niveau où nous les connaissons aujourd'hui. Les jeunes gens, d'humble ou de noble condition, s'adressaient à leurs aînés avec respect ; et les jeunes filles n'étaient pas en reste.

— Oui, monsieur, répondit donc Sam. Mais que voulez-vous dire exactement par « avoir plus de certitudes que vous n'en avez » ?

— Je vous ai défendu devant les juges, en m'efforçant de les convaincre que vous n'étiez pas coupable ; vous m'aviez assuré que vous ne l'étiez pas ; et ils vous ont acquitté. Je pense que ma plaidoirie et mes arguments y sont un peu pour quelque chose.

— Cela ne fait pour moi aucun doute, monsieur, et d'ailleurs, c'est bien pour cela que je suis venu juste après vous remercier de tout cœur, dit Sam d'une voix pleine de gratitude. Certains de mes ennemis étaient très remontés contre moi.

— Cessez donc de dire que les gens sont vos ennemis ! le sermonna l'avocat. Le vol était la seule vraie raison de leur hostilité envers vous. Alors, dites-moi, Sam Dene, est-ce vous, oui ou non, qui avez fait le coup ?

Sam ouvrit des yeux ronds. Mr Chance avait pris une voix solennelle, la tête penchée en avant, l'air grave.

— Non, monsieur. Non !

Cette réponse laconique ne satisfit point l'avocat.

— Avez-vous volé cette boîte pleine de guinées chez Cockermuth ? Ou bien êtes-vous, comme vous l'affirmez, parfaitement innocent ? insista-t-il. Dites-moi la vérité, pour l'amour de Dieu ! Quelle qu'elle soit, je continuerai de vous couvrir.

Sam se leva.

— Je vous en donne ma parole, monsieur, et je le jure devant Dieu, c'est la pure vérité. Je n'ai ni pris ni même touché la boîte de guinées dans le salon. Et je ne sais pas ce qu'elle est devenue.

Mr Chance contempla Sam en silence. L'avocat avait déjà eu affaire à des jeunes gens qui, se sachant soupçonnés, savaient mentir de façon éhontée, avec un aplomb proprement extraordinaire. À les voir et à les entendre, on leur eût donné le Bon Dieu sans confession. Mais il jugea que Sam disait la vérité.

— Asseyez-vous donc, Dene, asseyez-vous, dit-il. Je vous crois, et j'en suis le premier heureux. Mais où diable cette boîte est-elle passée ? Elle ne s'est quand même pas envolée en crevant le plafond, ni enfoncée sous terre à travers le plancher ! Quelqu'un l'a forcément prise. *Mais qui ?*

— La boîte n'a pas pu disparaître de cent façons, répondit Sam. Si le capitaine ne l'a pas machinalement remportée avec lui et perdue dans la rue, alors, quelqu'un a dû entrer dans le salon et prendre la boîte. Peut-être est-ce la personne qui est venue jeter un œil dans la pièce pendant que j'étais là...

— Quel dommage que vous n'ayez pas vu qui c'était !

— Oui, c'est vrai. Mais attendez, Mr Chance, je viens de penser à une chose : si cet individu n'a pas pris la boîte, pourquoi n'est-il pas venu avouer tout net que c'était lui qui avait entrebâillé la porte ?

L'avocat secoua la tête en signe de dénégation.

— Il a dû penser que c'était plutôt risqué de se retrouver mêlé à cette histoire, qu'il valait mieux pour lui rester en dehors de tout cela – même étant parfaitement innocent. Mais, dites-moi, comment vont vos affaires ? s'enquit l'avocat, changeant brusquement de sujet.

— Oh, doucement, répondit Sam. Mais je ne pouvais sans doute guère espérer mieux pour un début, avec toutes les prévenances que les gens ont contre moi maintenant.

— Vous gagnez de quoi vivre ?

— Pas vraiment – pas encore.

— Bon, écoutez-moi bien, Dene : parce que c'est avant tout pour vous faire cette offre que je vous ai envoyé chercher, si toutefois vous pouvez me promettre, en votre âme et conscience, que vous en êtes digne. Alors voilà : je pourrais peut-être confier à votre cabinet diverses petites affaires. On nous sollicite pour quantité de contentieux mineurs dont nous n'avons pas le temps de nous occuper. Désormais, c'est vers vous que je les renverrai. Croyez-moi, petit à petit, à force de patience, vous ferez votre chemin. Rome ne s'est pas faite en un jour, vous savez.

— Merci, monsieur, souffla Sam. Je vous remercie du fond du cœur. Me Cockermuth m'a envoyé une petite affaire, l'autre jour. Si cela suffit à me faire vivre, pour l'instant, c'est tout ce que je demande. On n'a jamais vu brebis galeuse récolter gloire et fortune.

Remarque si juste qu'on eût été bien en peine de la contredire.

On approchait de la fin mai, et les soirées d'été se faisaient longues et douces. En sortant de chez l'avocat, Sam décida d'aller flâner un peu le long de la rivière, au lieu de retrouver immédiatement la solitude de son cabinet. Depuis qu'il s'y était installé, sa conduite était exemplaire : l'accusation et le scandale dont il avait été victime semblaient avoir transformé ce garçon fougueux et insouciant en homme mûr, sage et responsable. Descendant Broad Street en direction du pont, il tourna sur la gauche et marcha tranquillement le long de la Severn. Les flots scintillaient sous la lumière du soleil couchant ; des péniches, dont certaines transportaient des passagers, hommes, femmes et enfants, passaient lentement, dans un sens ou dans l'autre ; les champs, sur l'autre berge, du côté de St John's, étaient vert émeraude. Le paysage baignait dans une clarté singulière.

Subitement, tout s'illumina autour de lui – et le pouls de Sam s'accéléra. Il venait de passer devant le grand mur de pierre rouge entourant le palais de l'évêque, et approchait des grilles du parc. C'est alors qu'une jeune dame en sortit et s'avança vers lui, d'un pas rapide et léger. C'était Maria Parslet, vêtue d'une jolie robe d'été en mousseline et coiffée d'un chapeau de paille qui plongeait dans l'ombre son visage rougissant. Car elle se mit à rougir violemment en apercevant Sam.

— Mr Dene !

— Maria !

Elle lui expliqua, d'une voix empressée, que sa mère l'avait envoyée porter un message au modiste sur le boulevard, et que c'était pour cela qu'elle avait pris ce chemin, parce que c'était le plus court – comme pour s'excuser d'avoir ainsi rencontré Sam.

Il fit demi-tour pour l'accompagner, et ils marchèrent lentement, côte à côte, Maria rougissant de plus belle chaque fois qu'il prononçait un mot ou lui jetait un regard – comme si tout cela n'avait ni rime ni raison. Sam lui rapporta la conversation qu'il venait d'avoir avec le père d'Austin Chance et la promesse que l'avocat lui avait faite de lui confier quelques petites affaires.

— Attendez que je gagne deux cents livres par an, Maria, et alors...

— Et alors quoi ? s'enquit innocemment Maria.

— Alors je vous demanderai de venir vous installer chez moi, et ensemble, nous tenterons le tout pour le tout.

— Nous... nous tenterons quoi ? bégaya Maria, détournant la tête pour regarder une péniche qui se faisait remorquer.

— Nous tenterons notre chance. Deux cents livres par an, ce n'est pas si mal pour commencer. Je pourrais louer l'étage au-dessus du rez-de-chaussée que j'occupe actuellement, ce qui nous permettrait de nous installer. J'ai en tout cas bon espoir d'y arriver.

— Oh, Mr Dene !

— Non, cessez de me donner du « Mr Dene », s'il vous plaît, chère Maria. Allons, n'est-ce pas la meilleure solution pour tous les deux ? Le sort s'acharne contre nous, les gens nous traitent comme des parias ; et si nous essayions de nous passer d'eux ? Je sais que vous préféreriez venir chez moi plutôt que de rester à Edgar Street.

Maria s'abstint de lui révéler sa préférence.

— Maman est en train de négocier pour moi une situation à Cheltenham, répondit-elle.

— Vous ne partirez nulle part, ni à Cheltenham ni ailleurs, si je peux l'en empêcher, rétorqua-t-il d'un ton qui n'admettait pas de réplique. Sans vous, la vie me semblerait si triste, Maria. Bien de riches ménages ont réussi, vous savez, en démarrant dans la vie avec moins de deux cents livres par an. Pour tout vous dire, nous pourrions même nous lancer avec seulement cent cinquante livres. Mon loyer est très bas, vous savez.

— Oui... oui, bégaya Maria. Mais... si seulement on pouvait connaître la vérité, à propos de cette histoire de guinées !

Sam s'arrêta et se tourna vers elle, la regardant droit dans les yeux.

— Pourquoi dites-vous *cela* ? Vous me soupçonnez de les avoir volées ?

— Oh, mon Dieu, non ! répondit Maria d'une voix étranglée. Je sais bien que ce n'est pas vous. Vous en êtes incapable. Je pensais à votre cabinet : si la vérité éclatait, vous auriez beaucoup plus de clients.

— Cockermuth m'a déjà confié quelques dossiers. Nous finirons bien par nous en sortir, répéta Sam.

Mais leur promenade touchait à sa fin, car ils étaient arrivés à la porte du modiste.

— Bonsoir, dit Maria en lui tendant timidement la main.

Sam Dene la saisit et la serra entre ses deux mains.

— Au revoir, ma chère. Je vais rentrer chez moi dîner d'un peu de pain et de fromage, en regrettant que vous ne soyez pas là pour partager mon repas !

Maria soupira. Elle se demandait si ce rêve merveilleux finirait un jour par devenir réalité. Peut-être que oui, peut-être que non. En attendant, nul ne savait la véritable nature de ses espérances ; c'était un secret entre elle et Sam. Mr et Mrs Parslet ne se doutaient de rien.

Le temps passa. Me Chance tint parole et confia diverses petites affaires à Sam Dene. Me Cockermuth fit de même. Les gens de la ville ne manquèrent pas de le leur reprocher, d'ailleurs ; mais Chance, bien que seul contre tous, n'était pas homme à s'en laisser imposer.

— Oh ! mais je ne pense pas que ce garçon soit coupable, rétorquait de son côté Cockermuth. Je ne l'ai jamais cru. D'ailleurs, s'il était malhonnête, il aurait pu me voler quand il voulait, car beaucoup d'argent liquide lui passait entre les mains, à l'époque où il travaillait au cabinet. Il est innocent, mais on ne peut pas dire qu'on l'ait traité comme tel.

Sam Dene était reconnaissant aux avocats de ces petits coups de pouce et leur transmit tous ses remerciements. Mais cela changea peu de chose à sa situation ; il commençait à se laisser envahir par le découragement, se disant qu'il serait forcé, tôt ou tard, d'abandonner la bataille pour aller tenter sa chance sous d'autres cieux, plus favorables. Les assises d'été approchaient. Sam n'avait aucune grande affaire à y plaider, pas même de petite ; il ne pouvait s'empêcher de frémir, songeant qu'il aurait fort bien pu assister à son propre procès si les juges avaient décidé de le renvoyer devant une cour d'assises. L'opinion populaire continuait de dire que c'était tout ce qu'il méritait.

6

Les assises commencèrent, puis s'achevèrent. Par une chaude journée de la mi-juillet, Miss Cockermuth – âme charitable – reçut un billet la prévenant qu'une femme, pauvre et malade, pour qui elle s'était prise d'affection, était au plus mal ; aussi mit-elle son châle et son chapeau pour aller lui rendre visite sur-le-champ. Son couvre-chef était un immense chapeau de paille qui protégeait bien son visage des rayons du soleil, et garni d'un tissu jaune ; le châle était un fin carré de taffetas noir, orné d'un petit liséré en dentelle. Elle allait devoir marcher longtemps dans la chaleur, car la malade habitait Henwick, de l'autre côté de la rivière. Miss Betty était arrivée à la hauteur du pont, qu'elle s'apprêtait à traverser, lorsqu'elle se heurta à Sam Dene, qui arrivait au pas de course en sens inverse.

— Miss Betty ! s'écria-t-il. Excusez-moi, je vous prie.

Miss Betty inclina en arrière la grande ombrelle vert clair qui protégeait du soleil sa tête chapeautée.

— Par exemple ! Sam Dene, est-ce bien vous ? dit-elle. Vous faites la course ?

Sam laissa fuser un petit rire.

— Je me dépêchais de retourner à mon cabinet, Miss Betty. Je n'ai pas de clerc, voyez-vous, et on ne sait jamais, un client pourrait venir !

Miss Betty opina, n'osant ni vraiment hocher ni secouer la tête ; le ton dubitatif du jeune homme ne lui avait pas échappé.

— Quelle chaleur, n'est-ce pas ? dit-elle. Je me rends chez cette pauvre Hester Knowles ; elle ne va pas bien du tout, à ce qu'il paraît.

— Vous allez avoir très chaud, ce n'est pas tout près.

— Comme vous dites. Mais comment allez-vous, Sam ? Vous n'auriez pas un peu maigri ?

— Vous trouvez ? Oh ! c'est sûrement à cause de cette chaleur. Mais je vais très bien, merci. Au revoir, Miss Betty.

Elle lui serra affectueusement la main. L'un des pires ennemis de Sam, peut-être même le plus acharné de tous après Charles Cockermuth, et qui croyait dur comme fer à la culpabilité du jeune homme, passa au même moment et vit la scène.

Miss Betty traversa le pont et prit la bifurcation de Turkey, car c'était le chemin le plus court et le plus frais pour parvenir à sa destination. Dans la chambre de la malade, le brûlant soleil de juillet se répandait violemment par la fenêtre, qui n'avait ni volets ni rideaux. Miss Betty, qui n'en pouvait déjà plus du soleil qui sévissait au-dehors, se sentit encore moins capable de supporter la fournaise qui régnait à l'intérieur. Exténuée par la marche et la chaleur, elle s'effondra sur la première chaise venue, se sentant prête à défaillir.

— Mon Dieu, Hester, cela doit être terrible pour vous ! soupira-t-elle.

— Vous voulez parler de la canicule, madame ? lui demanda la malade, qui était assise en plein soleil, emmitouflée dans une ou deux couvertures. C'est vrai qu'il fait un peu chaud, mais je ne m'en plains pas ; j'ai tellement froid la plupart du temps. Dès que le soleil disparaît de la fenêtre, je suis prise de frissons.

— Vous m'en direz tant ! répondit Miss Betty qui aurait bien aimé frissonner de froid. Mais si vous avez froid en cette saison, Hester, qu'est-ce que ce sera à l'automne, lorsque le vent soufflera ?

— Ah, madame, ne m'en parlez pas ! Je préfère ne pas y penser. Le fenêtre ferme mal, et quand le vent souffle et que je suis assise ici ou couchée dans mon lit, je sens les courants d'air. Vous n'imaginez pas. Et du coup, je n'arrête pas de tousser.

— Il vous faudrait des rideaux bien épais, dit Miss Betty en fixant la fenêtre nue du regard, sur l'appui de laquelle était posé un pot avec des grains de musc séchés. De gros rideaux de laine.

La malade sourit tristement. Elle était très pauvre, même si elle ne l'avait pas toujours été ; et elle n'avait pas plus les moyens de s'offrir des rideaux de laine

– ou même de coton – que d'acheter le soleil. Miss Betty le savait bien.

— Je vais voir, Hester, si je n'ai pas de vieux rideaux qui pourraient vous servir. Je n'en suis pas sûre, mais je vais voir ça, répéta-t-elle – et elle se mit à vider ses profondes poches de basin, où elle avait glissé nombre de bonnes choses pour la pauvre femme.

Miss Betty discuta encore un peu avec Hester, puis, lorsqu'elle se sentit un peu moins accablée par la chaleur, s'en retourna chez elle, tout en songeant aux rideaux qu'elle avait à moitié promis. Oui, ils sont bien abîmés, se dit-elle le long du chemin, mais cela la protégera du soleil et du vent.

Elle songeait à ces gros rideaux verts dont elle avait décousu le galon en cette tragique matinée – dont le lecteur, comme les gens de Worcester, connaît à présent tous les détails. Elle n'y avait pas retouché depuis.

Une fois à la maison, Miss Betty se rendit dans le salon. Susan – qui n'avait toujours pas trouvé le temps de fixer la date de son mariage – trouva sa maîtresse en train d'éventer son visage brûlant, son chapeau pendant dans le dos.

— Je viens d'aller voir cette pauvre Hester Knowles, Susan, dit Miss Betty.

— Vous n'êtes pas raisonnable, madame ! protesta Susan. Faire tout ce chemin, avec la chaleur qu'il fait ! Remonter à pied tout New Road !

— Détrompez-vous, ma fille, j'ai pris le raccourci par Turkey. La pauvre femme est très malade ; elle a chez elle une affreuse fenêtre qui laisse passer à flots ce soleil infernal, sans le moindre chiffon pour faire un peu d'ombre ; en outre, cette fenêtre ferme mal, m'a-t-elle dit, si bien que lorsqu'il fait froid, un vent coulis la fait frissonner. Je pense que je vais lui donner ces vieux rideaux élimés, Susan. Vous savez, ceux qui étaient dans la chambre de Mr Philip, avant qu'on y accroche les nouveaux, en chintz.

— C'est une bonne idée, madame, dit Susan, qui n'était pas une méchante fille, sauf avec son mitron. On ne pourra pas les mettre à nos fenêtres ici, dans l'état où ils sont ; et même si vous les faites teindre, ça ne donnera pas grand-chose, à mon avis, ils sont bien trop râpés.

— Mais où donc les ai-je rangés ? Dans le coffre de l'ottomane qui ne sert plus, me semble-t-il ? Oui, c'est là que je les ai mis. Je suppose qu'ils doivent toujours y être.

— Certainement, madame, répondit Susan. Je n'y ai pas touché.

— Ni moi, dit Miss Betty. Avec tous les soucis que nous avons eus à la maison cette semaine-là, je n'avais vraiment pas la tête à m'occuper de vieux chiffons, et ensuite, je n'y ai plus pensé. Accompagnez-moi là-haut, Susan, allons voir dans quel état ils sont.

Elles montèrent à l'étage. Miss Betty en profita pour ôter son chapeau et son châle, et coiffer son bonnet d'intérieur. L'antique ottomane, au siège rouge et moelleux, servait de coffre pour remiser les vieilleries dont on ne voulait plus. Elle était remisée dans la petite lingerie située sur le palier de l'étage. La pièce avait été aménagée derrière la porte de service, où il y avait une petite lucarne. Miss Betty, debout à côté de l'ottomane, laissa Susan en soulever l'assise. Les vieux rideaux bruns défraîchis, jadis verts, gisaient en boule au fond du coffre où Miss Betty les avait jetés à la va-vite ce fameux jour de mars, en montant voir les chintz neufs.

— Tout est en vrac là-dedans, observa Susan en jetant un regard à l'intérieur.

— Oh là là ! s'écria Miss Betty, consternée, car c'était habituellement une maîtresse de maison consciencieuse. Je les ai entassés là sans aucun soin. Je m'en souviens maintenant. Je comptais les faire aérer et plier correctement avant de les ranger, mais, avec tous ces événements, cela m'est complètement sorti de la tête. Sortez-les de là, voulez-vous ?

Susan glissa ses bras robustes sous l'amas de tissu, qu'elle souleva sans effort. Quelque chose de lourd s'échappa des plis des rideaux et atterrit bruyamment sur le plancher. Susan lâcha son fardeau en poussant un cri de terreur, et Miss Betty se mit à hurler encore plus fort. À leurs pieds, le sol était jonché de pièces d'or brillantes. Me Cockermuth, qui traversait le vestibule à ce moment-là, entendit leurs cris et, s'imaginant qu'il y avait le feu, monta l'escalier quatre à quatre.

— Oh ! fit-il d'une petite voix tranquille en contemplant la scène avec calme. C'était donc vous le voleur, Betty !

Il se pencha pour ramasser la boîte en bois d'ébène et regarda les guinées éparpillées. Miss Betty, pâle comme la mort, s'effondra sur un petit tabouret – amené là pour les enfants de Philip.

Oui, c'était bel et bien la boîte de guinées qu'on avait crue perdue, et qui, comme la fois précédente, réapparaissait de manière aussi inattendue que spectaculaire, n'ayant jamais – si l'on peut dire – été véritablement perdue. En prenant dans ses bras les lourds et encombrants rideaux étalés sur la table de la salle à manger, cette fameuse matinée de mars, Miss Betty avait, sans le faire exprès, embarqué la boîte. Pas étonnant que Sam Dene ne se souvînt pas d'avoir vu la boîte après le départ de Miss Betty ! Et la malchance avait voulu qu'il ne remarquât même pas sa disparition.

La sœur de l'avocat ne doutait pas le moins du monde d'avoir dit la vérité en déclarant avoir *vu* la boîte sur la table en quittant la pièce. L'ayant effectivement vue posée là toute la matinée, Miss Betty avait cru, en toute bonne foi, qu'elle s'y trouvait toujours, et ne s'était pas rendu compte que la boîte était en réalité dans ses bras. Susan avait elle aussi aperçu la boîte posée sur la table lorsqu'elle avait ouvert la porte pour appeler sa maîtresse, et pensait dire vrai en affirmant qu'elle y était encore lorsqu'elles étaient sorties. En vérité, elle n'avait pas remarqué que la boîte n'était plus là. Le petit coffre au trésor rempli d'or était donc resté caché, à l'insu de tous, dans les plis des rideaux. Sans Hester Knowles et sa fenêtre disjointe, qui sait combien de temps encore il y serait resté ?

Susan, aussi terrifiée que sa maîtresse, recula lentement contre le mur de la lingerie, aussi loin que possible de ces pièces diaboliques ; Miss Betty gémissait sur son tabouret, au bord de l'évanouissement, son bonnet renversé sur la nuque. L'avocat ramassa les pièces et les compta à mesure qu'il les remettait dans leur boîte. Soixante : pas une ne manquait. La guinée de Sam était donc bien la sienne ! Il n'avait pas, comme tout Worcester continuait à le murmurer, fabriqué cette histoire avec la complicité de Maria Parslet.

— John, fit d'une voix étranglée la pauvre Miss Betty, prise de panique et de remords. John, que vais-je devenir ? Que va-t-on me faire ?

— Vous « faire » ? répéta-t-il.

— Va-t-on me traduire en justice – m'inculper de quelque chose – à la place de ce pauvre Sam ?

— Ma foi, je n'en sais rien, répondit son frère d'un ton sévère. Peut-être pas cette fois. Mais je vous prierai de faire un peu plus attention à l'avenir, Betty, et d'éviter de cacher de l'or dans vos vieux rideaux.

Après avoir mis la boîte en sécurité dans son coffre-fort, Me Cockermuth mit son chapeau et se rendit au palais de justice, où les magistrats, ayant rendu leurs bons offices, s'apprêtaient à rentrer chez eux. Il leur annonça qu'on avait miraculeusement retrouvé la boîte de guinées, leur expliqua de quelle manière elle avait disparu, et ajouta que Sam Dene était complètement innocent. Les juges furent naturellement ravis de l'apprendre. Mr Whitewicker remarqua qu'ils avaient jugé Sam sur les seules apparences, et que ces mêmes apparences auraient suffi – en théorie – à le faire pendre.

En sortant du palais de justice, Me Cockermuth se rendit au cabinet de Sam. Le jeune homme travaillait d'arrache-pied derrière son bureau, qui croulait sous d'imposantes piles de documents, mais devant lequel aucun client n'était encore venu s'asseoir. Son vieux maître lui serra la main.

— Sam, mon garçon, voilà une bonne nouvelle ! dit-il. La roue a fini par tourner ! On a retrouvé la boîte de guinées.

Sam resta muet, incapable de prononcer un mot. Stupéfait, bouche bée, il paraissait tout à coup manquer d'air.

— C'est Betty qui l'avait. Elle l'avait prise en ramassant les vieux rideaux qu'elle avait étalés sur la table du salon, sans s'en apercevoir, bien sûr, et pendant tout ce temps, la boîte est restée cachée dans les plis de ces fichus rideaux, au fond d'un coffre qui sert de débarras. Betty ne se le pardonnera jamais. Elle va nous en faire une jaunisse.

Sam poussa un gros soupir.

— Vous allez prévenir tout le monde, maître ?

— Je pense bien, Sam. Et sans perdre une minute. J'ai déjà commencé, avec les magistrats. La nouvelle a fait sensation au palais de justice, croyez-moi. Je vais dès à présent m'occuper des journaux ; et demain, à la première heure, j'irai à Elm Farm. Toute la ville s'est liguée contre vous, Sam : les gens vont s'en repentir. Faites désormais attention à ne pas vous laisser dévorer par la ferveur populaire. Et puis il faudrait que vous alliez voir Betty, mon garçon ; sinon elle va se laisser mourir de chagrin. Vous ne lui en tiendrez pas trop rigueur, j'espère ?

— Bien sûr que non, répondit Sam avec ferveur. Miss Betty ne m'en a jamais voulu. Elle est restée très gentille avec moi tout ce temps.

Sam devint en effet la coqueluche de Worcester. Les vrais Britanniques sont toujours enclins aux comportements extrêmes. Pour se faire pardonner, les gens de la ville se disaient même prêts à le porter en triomphe dans les rues – honneur qu'ils réservaient en principe aux concitoyens de retour au bercail.

On fit prévenir le capitaine Cockermuth, qui rentra de toute urgence à Worcester. Il était désormais la contrition personnifiée, suppliant Sam quinze fois par jour de bien vouloir lui pardonner, et surtout d'accepter la boîte de guinées en gage de paix. Sam n'en voulait pas : il répondit en riant au capitaine que la boîte ne semblait vraiment pas porter chance.

Ce fut la fin des ennuis pour Sam. Nul dans son entourage ne critiqua son mariage avec Maria Parslet – leur réaction eût en d'autres circonstances été pourtant bien différente –, jugeant que c'était là une récompense bien méritée.

— Dieu merci, à quelque chose malheur est bon, dit la vieille Mrs Jacobson à Maria, la première fois que la jeune fille lui rendit visite à Elm Farm.

Quant à Sam, il n'avait plus guère le temps de retourner à Elm Farm, ni de s'accorder ne serait-ce que quelques jours de vacances. Ses affaires prospéraient rapidement : les clients affluèrent, de plus en plus nombreux, songeant qu'un jeune homme accusé par tous d'être un voleur, pendant plusieurs mois d'affilée, et capable de s'en sortir avec les honneurs, devait forcément être un brillant avocat.

— Mais tu vois, Johnny, me disait Sam, un jour que nous évoquions le passé, il y a une chose que j'aimerais changer, si c'était moi qui faisais les lois. Tant qu'une personne est seulement suspectée d'avoir commis un délit, son nom ne devrait pas être rendu public. Je ne parle pas d'une accusation de meurtre, naturellement, ni de charges très graves de cet ordre ; mais uniquement d'affaires comme la mienne. Dans tous les journaux locaux, on a accolé mon nom en toutes lettres, Samson Reginald Dene, au mot « voleur », et forcément, mon nom en a été entaché. Pour un homme innocent, c'est vraiment un terrible coup dur, de ceux dont on ne se relève parfois jamais. Il faut un suspect, je le sais bien, et qu'il soit coupable ou innocent, les soupçons dont il fait l'objet doivent au préalable être examinés en public, puis être soumis à une enquête judiciaire ; mais on ne devrait pas révéler son identité avant que les preuves accumulées contre lui soient suffisantes pour le traîner en justice ; jusqu'à son procès, il faudrait taire son nom. Voilà mon opinion.

Et je suis bien du même avis que Sam.

The Ebony Box
Traduit par Corinne Bourbeillon

LE FANTÔME DE FERNWOOD

Mary Elizabeth Braddon

1

— Non, Isabel, il ne me semble pas que Lady Adela ait véritablement appuyé l'invitation de son fils.

C'était la troisième fois, en une heure, que ma tante faisait cette réflexion. Nous étions assises l'une en face de l'autre, dans un wagon de première classe de l'express d'York, et les vastes champs de blé presque mûr fuyaient autour de nous comme des ombres jaunissantes, sous le soleil d'une chaude après-midi. Nous allions en visite à Fernwood, maison de campagne située à vingt milles d'York, pour me permettre de rencontrer la famille de Mr Lewis Wendale, dont je devais épouser le fils unique, Lawrence.

Lawrence et moi, nous nous étions connus à peine deux mois plus tôt, lors de la première année de mon séjour à Londres. Orpheline, et seule héritière d'un riche négociant de Calcutta, je demeurais chez ma tante, Mrs Maddison Trevor, éblouissante veuve d'un major des Life Guards et unique sœur de feu mon père. Mrs Trevor avait soulevé maintes objections à cette liaison de six semaines entre Lawrence et moi ; mais l'impétueux jeune homme du comté d'York avait écarté tous les obstacles. Que pouvait-on objecter ? disait-il. Il devait avoir un revenu annuel de deux mille livres et la propriété de Fernwood à la mort de son père, sans compter quarante mille livres d'une tante non mariée, aussitôt qu'il aurait atteint sa majorité, car mon jeune et impétueux prétendant n'avait pas encore vingt et un ans. Quant à sa famille, ma tante n'avait qu'à ouvrir le livre héraldique des Burke pour être édifiée sur les Wendale de Fernwood. Sa mère était Lady Adela, la plus jeune des filles de Lord Kingwood, du château de ce nom, dans le comté de Kildare. Quelle objection pouvait donc faire ma tante ? Sa famille ne me connaissait point, alléguait-elle, et pouvait ne pas approuver cette union. Lawrence eut alors un de ces longs éclats de rire, joyeux et sonores, que j'aimais tant à entendre.

— Ne point approuver mon mariage ! s'écria-t-il. Ne point chérir ma petite Isabel !... La bonne plaisanterie !

Et sur ce arriva immédiatement une invitation à Fernwood, à laquelle étaient jointes quelques lignes de Lady Adela Wendale.

C'était précisément à propos de ce billet que ma tante ne se lassait pas de discuter. Il était froid, sec et contraint, disait-elle ; il n'avait été écrit que pour contenter Lawrence. Combien peu d'attention je portais à cette lettre ! Et cependant, c'était la première et vague indication de ce terrible écueil contre lequel devait se briser mon existence ; le premier anneau de la chaîne de ce grand mystère, dans lequel tant de destinées étaient enveloppées.

La lettre était froide, c'était évident. Lady Adela commençait par nous déclarer qu'elle aurait le plus grand plaisir à nous voir, et qu'elle brûlait d'impatience de faire la connaissance de sa belle-fille. Puis elle nous disait combien notre séjour risquait d'être triste à Fernwood, et qu'elle craignait bien que nous ne soyons fâchées d'avoir entrepris ce long voyage, dans le centre du comté d'York, pour séjourner dans une maison solitaire où nous ne devions rencontrer qu'un valétudinaire susceptible, deux femmes nerveuses et un jeune homme dont tout le temps se partageait entre les travaux de la ferme et les plaisirs de la chasse.

Mais je ne redoutais point la tristesse, là où était mon adoré Lawrence ; aussi j'eus bientôt fait justice de toutes les objections de ma tante, commandé une demi-douzaine de toilettes neuves et poussé Mrs Maddison Trevor vers la gare du Great Northern, avant qu'elle eût le temps de m'adresser d'autres remontrances.

Lawrence était parti en avant, afin de s'assurer que tout était préparé pour nous recevoir, et avait promis de venir à notre rencontre à York et de nous conduire à Fernwood dans son phaéton. Il était debout sous la galerie lorsque le train entra en gare, le soleil se jouait dans les boucles de ses cheveux, et ses grands yeux bleus rayonnaient de vie et de bonheur.

Lawrence était très beau ; mais son plus grand charme résidait peut-être dans cette étonnante vivacité, cette énergie infatigable et cette indomptable volonté qui le distinguaient de tous les autres jeunes gens que j'avais rencontrés jusqu'alors.

Cette surabondance de vitalité était si grande chez lui que, par une sorte d'influence magnétique, elle semblait se communiquer aux autres. Je n'étais jamais fatiguée lorsque Lawrence était près de moi. C'était avec lui que je pouvais valser le plus longtemps, faire les plus longues promenades à cheval, écouter un opéra ou examiner une galerie de tableaux avec le moins de fatigue. Sa présence remplissait toute une maison, son rire franc et joyeux résonnait partout. Il semblait que là où il était, la tristesse ne pût pénétrer.

Je sentais plus que jamais cette douce influence à mesure que nous approchions de Fernwood. La campagne était morne et nue ; de larges marécages s'étendaient des deux côtés de la route déserte que nous suivions. Le soleil de l'après-midi s'était caché, laissant derrière lui un ciel froid et gris, chargé de gros nuages couleur de plomb qui semblaient peser sur le paysage et borner le sombre horizon. Mais rien de tout cela ne pouvait affecter Lawrence. Il était encore de meilleure humeur cette après-midi-là que d'habitude.

— On a préparé pour vous, mesdames, les chambres aux lambris de chêne, dit-il. Des chambres bien solennelles et bien imposantes, avec leurs grands lits à baldaquin, couronnés de panaches funéraires, leurs sombres boiseries en chêne, leurs portraits des Wendale morts et enterrés : Mrs Aurora en robe à panier, une houlette de bergère à la main ; Mrs Lydia, coiffée à la Sévigné, avec un collier de perles ; Mortimer Wendale, en perruque à la Ramilies ; Theodore, frisé comme un chérubin, en pourpoint de velours et en bottes à l'espagnole. Il y a là une véritable collection ! Attendez-vous à les voir quitter tous leurs cadres, la nuit, à l'heure des sorcières, et venir réchauffer leurs doigts glacés au charbon de votre foyer. Votre arrivée connue d'avance a fait événement dans notre vieille et triste demeure. Ma mère a quitté une douzaine de fois le troisième volume du dernier roman qu'elle s'est procuré chez Mudie, pour s'informer si tout était prêt, et depuis le déjeuner, ma chère, active, patiente et infatigable sœur Lucy n'a fait que courir à droite et à gauche pour inspecter tous les préparatifs.

— Votre sœur Lucy ! m'écriai-je, saisissant au vol ses derniers mots. Je l'aimerai bien, Lawrence.

— Je l'espère, ma chère enfant, reprit-il d'un ton presque sérieux, car elle a été pour moi la plus tendre et la meilleure des sœurs. Et cependant, je suis presque effrayé ; Lucy a dix ans de plus que vous ; elle est sérieuse, réservée, mélancolique parfois ; mais s'il y a jamais eu sur cette terre un ange proscrit, revêtu d'une forme humaine, certes, ma sœur Lucy est cet ange gardien !

— Vous ressemble-t-elle, Lawrence ?

— À moi ?... Oh non, pas du tout ! Vous savez, nous ne sommes frère et sœur que par mon père, et elle ressemble à sa mère, qui est morte jeune.

Comme il disait cela, nous arrivions aux portes de Fernwood, immenses portes en bois, avec des piliers de pierre dégradés et couverts de mousse ; une loge qui tombait en ruine servait d'habitation à une femme d'apparence misérable ; ses enfants jouaient dans un carré de terre planté de choux et de groseilliers, entouré d'une palissade vermoulue et décoré du nom pompeux de « jardin ». En face de cette entrée s'étendait une avenue longue d'un demi-mille environ, à l'extrémité de laquelle un grand manoir en brique rouge, construit dans le style Tudor, semblait nous regarder avec plus de défiance que de bienvenue. Le parc était complètement inculte ; les arbres étaient étouffés par les ronces ; la fougère envahissait les longues allées, coupées çà et là par des mares d'eau croupissante, dont les bords tranquilles étaient seulement troublés par le battement d'ailes du héron et le triste coassement d'une myriade de grenouilles.

Lady Adela avait raison. Fernwood était un triste séjour. Je pus à peine réprimer un frisson, à mesure que nous avancions dans la sombre avenue ; quant à ma pauvre tante, on entendait ses dents claquer.

Elle était habituée à passer les trois quarts de l'année à Onslow Square, et les trois mois d'automne à Brighton ou à Ryde, aussi ce sombre manoir du comté d'York était-il une rude épreuve pour l'extrême sensibilité de son système nerveux.

Lawrence sembla deviner le motif de notre silence.

— La propriété est affreusement négligée, Mrs Trevor, dit-il sous forme d'excuse, mais je vous assure que je ne laisserai pas subsister cet état de chose. Avant d'amener ma mignonne petite Bella à Fernwood, je ferai venir force jardiniers et tapissiers, afin de transformer ce morne désert en un paradis terrestre. Je ne puis vous dire la cause de mon abandon, ce n'est certes pas faute d'argent, encore moins d'occasions, car mon père est un homme oisif à qui les travaux et les réparations devraient fournir un agréable passe-temps. Non, en vérité, je ne vois réellement pas pourquoi on a ainsi négligé ce domaine.

C'était à lui-même plutôt qu'à nous que ces dernières paroles s'adressaient, et comme si elles avaient été une réponse à une longue série d'idées qui se pressaient dans son cerveau ; puis il devint silencieux et retomba dans une tranquille rêverie. J'examinai son visage avec curiosité, car je lui avais rarement vu la physionomie aussi pensive. Reprenant peu à peu son ton habituel, il dit :

— À présent, mesdames, que vous touchez au seuil de Fernwood, je dois peut-être vous avertir de l'état d'abattement dans lequel vous trouverez notre famille. Avec tous les éléments de bonheur, il semble qu'un nuage sombre nous enveloppe sans cesse. Du plus loin que je me souvienne de mon pauvre père, il a décliné peu à peu ; de même que ce vieux manoir, il se mine tous les jours ; et maintenant, il est malade, sans avoir positivement une maladie. Ma mère passe sa vie à lire des romans et ne survit que grâce aux sels et à l'eau de Cologne. Ma sœur, la seule personne active de la maison, est toujours pensive et quelquefois mélancolique. Remarquez que je vous dis ces choses pour vous préparer au spectacle qui vous attend, et non dans l'intention de vous alarmer ; car vous pouvez compter sur moi pour tout l'effort que je déploierai à régénérer cette famille attristée, qui se laisse abattre par un excès de bonheur et le manque d'inquiétudes.

Comme Lawrence finissait de parler, la voiture s'arrêta devant un large perron en pierre et, cinq minutes après, ma tante et moi, avec son aide, étions descendues du phaéton et présentées à Lady Adela et à Miss Lucy Wendale.

Nous trouvâmes Lady Adela, comme son fils nous en avait prévenues, plongée dans la lecture d'un roman. Elle quitta son livre lorsque nous entrâmes et s'avança vers nous avec beaucoup d'empressement, comme si elle nous était réellement reconnaissante de venir la distraire de sa vie solitaire.

— Comme vous êtes bonne d'être venue, me dit-elle en me pressant entre ses bras amaigris, une étreinte presque maternelle. Et c'est bien aimable à vous aussi, Mrs Trevor, d'avoir abandonné tous vos plaisirs de la ville pour m'amener cette chère enfant. Croyez-moi, nous ferons tout notre possible pour rendre votre séjour agréable, si toutefois vous pouvez vous habituer à une société fort restreinte, car depuis la naissance de mon fils, nous n'avons reçu personne, et je ne pense pas que je puisse compter plus de cinq ou six noms sur ma liste de visiteurs.

Lady Adela était une femme élégante, à la fleur de l'âge, mais son visage, encore beau, était maigre et flétri. Des rides prématurées se dessinaient autour de sa bouche pensive. Tandis qu'elle parlait à ma tante, Lucy et moi nous rapprochâmes.

La sœur de Lawrence n'était pas jolie ; pâle et maladive, elle avait les cheveux noirs et les yeux gris et presque tristes ; il semblait que quelque chagrin secret eût, depuis sa plus tendre jeunesse, éteint le feu de cette existence ; chagrin profond qui, loin de disparaître ou de s'oublier avec les années, n'avait fait que grandir et se fortifier à mesure qu'elle se développait, jusqu'à devenir une partie d'elle-même ; une affection déçue, pensai-je, un coup terrible qui avait détruit le premier rêve de la jeune fille, et dont le cœur brisé de la femme devait souffrir éternellement. Dans ma complète ignorance de la vie, je croyais que c'étaient là les seules douleurs qui pussent désoler l'existence d'une femme.

— Il faudra tâcher d'être heureuse à Fernwood, Isabel, me dit Lucy avec douceur, en me faisant asseoir à côté d'elle, tandis que Lawrence, penché au-dessus de nous, nous considérait avec tendresse.

Je ne crois pas, malgré tout son amour pour moi, que Lawrence m'ait jamais autant aimée que cette sœur au pâle visage.

— N'est-ce pas que vous tâcherez d'être heureuse, chère Isabel ? Lawrence vient de dresser la plus jolie jument bai brun de tout le comté afin que vous puissiez explorer le pays avec nous. J'ai su quelle intrépide amazone vous êtes. Pour vous, on a fait accorder les pianos et recouvrir le billard, afin que vous puissiez vous distraire les jours de pluie, et si nous ne pouvons vous présenter beaucoup de monde, nous nous efforcerons d'éloigner de vous la tristesse.

— Je serai très heureuse ici, auprès de vous, ma chère Lucy, dis-je ; mais pourquoi me parler autant de la tristesse de Fernwood, alors que vous devez y avoir bien des souvenirs qui vous rendent cher ce vieux manoir ?

Pendant que je parlais, elle baissa les yeux, et une légère rougeur vint animer la pâleur de son visage maladif.

— Je n'aime pas beaucoup Fernwood, avoua-t-elle d'un ton grave.

C'était donc à Fernwood qu'elle avait éprouvé le grand chagrin qui tourmentait sa vie, pensai-je.

— Voyez-vous, Lucy, reprit Lawrence, chacun sait que ce triste séjour vous tue lentement, et pourtant rien au monde ne saurait vous le faire quitter. Lorsque nous allons tous ensemble à Scarborough ou à Burlington, quand ma mère fait un tour à Harrogate, toutes les fois que moi-même je pousse jusqu'à la capitale, afin de secouer un peu ma poussière de provincial et de voir de quoi se compose le monde au-delà de ces tristes portes, vous vous obstinez à rester à la maison, sous le seul prétexte qu'il faut que vous preniez soin de votre pauvre malade, Mr Thomas.

Je tenais la main de Lucy dans la mienne, et je sentis trembler ses doigts amaigris aux paroles de son frère. Ma curiosité était fortement excitée.

— Mr Thomas ? m'écriai-je presque involontairement.

— Ah ! c'est vrai, Bella, j'ai oublié de vous parler de ce membre de notre famille, mais comme je ne l'ai jamais vu, on peut me pardonner cette omission. Mr Thomas est un parent peu fortuné de mon père, un malade condamné, toujours alité ; n'est-ce pas, Lucy ?... et qui réclame autour de sa personne un homme robuste et une garde-malade expérimentée. Il occupe l'étage supérieur d'une aile de la maison. Ce pauvre Mr Thomas, tout malade qu'il est, doit cependant avoir un grand pouvoir de fascination : ma mère se rend chez lui tous les jours, aussi furtivement que si elle rendait une visite clandestine à un criminel condamné. J'ai souvent rencontré mon père qui sortait de ses appartements, pâle et abattu, et quant à ma sœur Lucy, son attachement pour le pauvre malade est tel que, comme je viens de vous le dire, rien ne saurait l'obliger à sortir de la maison, tant elle craint que sa gardienne ou son valet de chambre n'aient pour lui toutes les attentions nécessaires.

Je tenais encore la main de Lucy, mais elle ne tremblait plus. Ce parent sans ressources, ce malade à la charge de sa famille, jouait-il donc un rôle dans le sombre mystère qui planait sur l'existence de la jeune femme ? Et pourtant non, cela ne pouvait pas être, pensai-je, car elle eut le plus grand sang-froid en répondant à son frère.

— Ma vie entière s'est peu à peu réduite aux soins que je donne à ce pauvre jeune homme, Lawrence, et je ne quitterai jamais Fernwood tant qu'il vivra.

Un jeune homme ! Mr Thomas était donc un jeune homme.

Lucy elle-même nous conduisit, ma tante et moi, aux jolis appartements qui avaient été préparés pour nous. La chambre de ma tante était séparée de la mienne par un corridor sur lequel donnaient deux cabinets de toilette et un charmant petit boudoir, ayant vue sur le parc. Ma chambre était située à l'extrémité du bâtiment ; elle avait deux portes, l'une s'ouvrant sur le corridor et l'autre sur une galerie qui s'étendait sur toute la façade de la maison. En jetant les yeux vers cette galerie, je m'aperçus que l'aile opposée était fermée par une double porte ; je l'examinai avec curiosité : c'était sans doute la barrière qui séparait du monde extérieur le mystérieux parent de Lawrence.

Lucy nous quitta aussitôt que nous fûmes, ma tante et moi, installées dans nos appartements. Comme je faisais ma toilette pour le dîner, la femme de charge, personne forte et d'un âge mûr, vint me demander s'il ne me manquait rien.

— Comme vous n'avez point amené votre femme de chambre avec vous, me dit-elle, Miss Lucy m'a chargée de mettre la sienne à votre entière disposition. Le service personnel de Miss Lucy est de si peu d'importance que Sarah a bien du temps à elle, et c'est une excellente créature.

Je lui répondis que je n'avais besoin de personne. Mais, avant de la congédier, je ne pus résister au désir de lui adresser une question concernant le malade mystérieux.

— Est-ce que les appartements de Mr Thomas se trouvent à cette extrémité de la maison ? demandai-je.

La femme me regarda d'un air presque effrayé, puis elle reprit après un moment de silence :

— Est-ce que Monsieur vous a parlé de Mr Thomas ? me demanda-t-elle avec un air inquiet.

— Lawrence et Lucy m'en parlaient précisément tout à l'heure.

— Oh ! en vérité, mademoiselle, reprit-elle avec un accent plus rassuré, les appartements de ce pauvre monsieur sont au bout de cette galerie.

— Y a-t-il longtemps qu'il demeure ici ? demandai-je.

— Mais environ vingt ans, je présume.

— Ce doit être un de leurs parents éloignés.

— Oui, mademoiselle.

— C'est très beau de la part de votre maître de l'avoir soigné si longtemps et de lui procurer un tel bien-être.

— Mon maître est un excellent homme, mademoiselle.

Bien que cette femme semblât résolue à me donner le moins de renseignements possible, je ne pus m'empêcher de lui adresser une dernière question.

— Comment se fait-il que, depuis tant d'années, Lawrence n'ait jamais vu son parent ?

Cette question parut, plus que toutes les autres, embarrasser la femme de charge. Après avoir rougi et pâli, elle répondit avec hésitation :

— Le pauvre monsieur ne quitte jamais sa chambre, mademoiselle, et puis le caractère de Mr Lawrence est si gai ; Dieu le bénisse ; sa nature est si joyeuse et si bruyante que sa société ne convient guère à un malade.

Il était évidemment inutile d'essayer d'obtenir d'autres renseignements, de sorte que j'y renonçai, et, souhaitant une bonne journée à la femme de charge, j'entrepris de me coiffer devant la lourde glace encadrée de bois de chêne.

Le plus simple, me dis-je, c'est de n'y plus songer. J'ai voulu voir un mystère dans un arrangement de famille des plus naturels ; Mr Wendale a un parent impotent, trop pauvre et trop seul pour se soigner avec ses propres ressources ; quoi de plus naturel que de lui accorder l'hospitalité dans ce vieux château, assez vaste pour loger un régiment entier ?

Je trouvai la famille rassemblée au salon. Mr Wendale avait sans doute été un bien bel homme. Dans sa jeunesse, il avait dû ressembler à Lawrence, mais, ainsi que celui-ci me l'avait confié, il semblait que le château, les parcs et le châtelain lui-même fussent tombés en décadence ensemble. Cependant, malgré sa mauvaise santé, notre hôte nous reçut parfaitement, et nous fit les honneurs de sa table avec la grâce et l'aisance d'un parfait gentleman.

Après le dîner, ma tante et Lady Adela s'assirent près d'une fenêtre et causèrent, tandis que Lawrence, Lucy et moi allions sur un long balcon en pierre, en dehors du salon, regarder les derniers rayons empourprés du soleil couchant d'un mois d'août se fondre en bandes rouges, reflétées par les eaux des étangs, cachés dans les broussailles. Nous étions heureux tous trois : Lawrence et moi jasions de mille sujets divers, racontant à Lucy nos aventures londoniennes, lui faisant le portrait de nos amis à la mode, parlant de nos courses en voiture et de nos promenades à cheval, de nos fêtes, de nos bals et de nos dîners ; et elle, un sourire aimant sur les lèvres, nous écoutait avec une patience presque maternelle.

— Il faut que je vous fasse visiter le vieux château demain, Isabel, me dit Lawrence dans le courant de la soirée.

— Je suppose que Lucy ne vous a point dit qu'elle vous avait logée dans la chambre aux revenants ?

— Non, certainement !

— N'écoutez point cet enfant terrible, ma chère Isabel, ajouta Lucy. Fernwood, comme tous les vieux châteaux, a son histoire de revenants, mais comme personne, pas même notre père, n'a aperçu le fantôme, vous devez bien penser qu'il n'est guère à craindre.

— Mais vous avouez qu'il y a un fantôme ! m'écriai-je vivement. De grâce, racontez-moi son histoire.

— Écoutez, Bella, reprit Lawrence, et sachez quelle visite vous recevrez, à l'heure où les cloches de l'église de Fernwood, cachée là-bas dans les ormes, sonneront l'heure de minuit. Un certain Sir Humphrey Wendale, qui vivait du temps d'Henry VIII, fut trompé par sa femme, qui était fort belle. S'il se fut conformé aux usages ordinaires de l'époque, il eût égorgé sa femme et son rival, mais notre ancêtre était d'un esprit plus original, et il trouva par conséquent une manière de se venger plus originale aussi. Il renvoya jusqu'au dernier domestique de Fernwood ; et, un beau matin, tandis que la malheureuse femme était encore endormie, il ferma toutes les portes du château, en boucha toutes les issues, puis il s'éloigna tranquillement à cheval, laissant sa femme mourir lentement dans les horribles tortures de la faim. Dieu sait que Fernwood est encore assez désert aujourd'hui, mais il l'était encore bien davantage à cette époque. De temps à autre, un voyageur a peut-être jeté un regard vers les cheminées sans fumée qu'on apercevait au milieu des arbres, en passant le long de la clôture du parc ; mais pas un n'a pensé que ce manoir abandonné abritait une habitante infortunée. Quinze mois plus tard, Sir Humphrey, de retour d'un voyage à l'étranger, éprouva quelque difficulté à ouvrir la porte de la chambre que vous devez habiter : le squelette de sa femme était étendu sur le seuil.

— Quelle horrible histoire ! m'écriai-je avec un frisson.

— Ce n'est qu'une légende, ma chère Isabel, dit Lucy, comme toutes les traditions, exagérée et altérée, dans des proportions convenant à l'horreur poétique ; de grâce, ne laissez point votre esprit s'arrêter sur pareille fable.

— Certes, j'aime à croire en vérité que ce n'est qu'une fable, répondis-je. Mais pourquoi mêler les histoires terribles et mystérieuses à celles des anciennes familles ? De toute façon, nous ne rencontrons plus de mystères de famille de nos jours.

Je dormis profondément cette nuit-là à Fernwood, sans avoir été troublée par l'ombre de Sybil Wendale, l'infortunée épouse de Sir Humphrey. Le soleil faisait miroiter les panneaux de chêne de ma chambre, et les alouettes chantaient dans l'azur d'un ciel sans nuages lorsque je m'éveillai. Je trouvai ma tante tout à fait revenue de ses préventions à propos de notre visite.

— Lady Adela est une femme fort agréable, me dit-elle ; froide, peut-être à un trop haut degré, mais ayant cet air de bonne compagnie qui a toujours beaucoup de charme. Lucy Wendale me paraît une excellente personne, quoique ayant trop les allures d'une vieille fille. Elle vous sera d'une grande utilité lorsque vous serez mariée, c'est-à-dire, en admettant que vous ayez jamais à gérer cette immense propriété qui, nécessairement, sera votre partage à la mort de ce pauvre Mr Wendale.

Pour ma part, j'étais aussi heureuse à Fernwood que les journées d'août étaient longues. Lucy montait admirablement bien à cheval, c'était la seule distraction qui lui plût, et un attachement réciproque la liait à ses chevaux. Lawrence, sa sœur et moi étions donc constamment dehors ensemble, gravissant à cheval les coteaux qui entouraient Fernwood et explorant les environs à vingt milles à la ronde.

À la maison, Lucy nous laissait bien souvent seuls. Elle était l'âme du logis, et sans elle tout fût certainement tombé en ruine. Lady Adela lisait des romans, ou faisait de temps en temps des efforts de conversation pour amuser ma tante. Mr Wendale gardait la chambre la plus grande partie de la journée ; tandis que Lawrence et moi jouions, chantions, dessinions ou lancions les boules du billard sur le tapis vert, lorsque le mauvais temps nous confinait à l'intérieur.

Un jour que je dessinais la façade du vieux château, je remarquai un détail étrange se rapportant aux appartements de Mr Thomas. Ces appartements étaient situés à l'angle de la maison et éclairés par six fenêtres. Je fus surprise de voir que toutes ces fenêtres avaient des carreaux dépolis. J'en demandai la raison à Lawrence.

— Je pense que l'éclat du jour gênait Mr Thomas, me dit-il, et mon père, qui est le meilleur être de la création, a fait poser les carreaux opaques que vous voyez.

— Y a-t-il longtemps que l'on a fait ce changement ?

— J'avais alors six ans environ. Mes souvenirs, à ce sujet, sont assez confus, et peut-être ne me rappellerais-je rien sans une certaine circonstance. Je me promenais à cheval, sur mon poney des Shetlands, lorsque mon attention fut attirée par la vue d'un enfant qui regardait à travers l'une de ces fenêtres. J'étais trop éloigné pour distinguer son visage, mais il me parut avoir mon âge. Il me fit signe d'approcher, et je dirigeais déjà mon cheval de son côté pour répondre à son invitation, lorsque ma sœur Lucy parut à la fenêtre et entraîna l'enfant. Je suppose que c'était l'enfant de quelqu'un qui soignait Mr Thomas, et qu'il avait pénétré sans qu'on l'aperçût dans la chambre du malade. Je ne l'ai jamais revu depuis, et le lendemain, un vitrier d'York vint arranger ces fenêtres.

— Mais il faut que Mr Thomas ait de l'air ; je suppose que les croisées sont quelquefois ouvertes ? dis-je.

— Jamais. Elles n'ont toutes qu'un seul carreau qui s'ouvre, pour la ventilation intérieure, comme en ce moment.

— Je ne puis m'empêcher de plaindre ce pauvre homme, ajoutai-je après une pause ; privé presque de la lumière du ciel à cause de ses infirmités ; éloigné de toute société...

— Il n'en est point tout à fait ainsi, répondit Lawrence ; personne ne sait toutes les heures que ma sœur Lucy consacre à son pauvre malade.

— Peut-être est-ce un homme studieux, qui trouve des consolations grâce aux lettres et aux sciences ? suggérai-je. Lit-il beaucoup ?

— Je ne pense pas. Je n'ai jamais entendu dire qu'on lui procurât des livres.

— Mais, poursuivis-je, il y a une chose qui m'embarrasse, Lawrence : votre sœur parlait de lui comme d'un jeune homme, et pourtant Mrs Porson, la femme de charge, m'a dit qu'il habitait Fernwood depuis plus de vingt ans.

— Quant à cela, répondit négligemment Lawrence... Lucy, l'ayant vu arriver ici alors qu'il était jeune, continue par habitude à se le représenter ainsi. Mais de grâce, Isabel, ma petite curieuse, ne vous tourmentez point l'esprit au sujet de notre pauvre parent. Pour parler franchement, je suis tellement habitué à ne pas le voir que j'ai cessé de penser à lui. Je rencontre quelquefois dans la galerie une hideuse vieille femme vêtue de mérinos noir, et je sais que c'est la garde-malade de Mr Thomas ; ou bien j'aperçois un homme à la figure grave et solennelle, et je suis également sûr que c'est le domestique de Mr Thomas – James Beck –, qui a blanchi au service de son maître. Lorsque je vois le docteur quitter Fernwood, sur son petit cheval brun, je suis certain qu'il vient de prendre des nouvelles de la santé de Mr Thomas ; si ma sœur me laisse seul pendant une heure après le dîner, je sais qu'elle est dans l'aile gauche du château, à causer avec Mr Thomas ; mais comme jamais personne ne me prie de faire quoi que ce soit pour ce pauvre homme, je ne m'en soucie pas davantage.

Je sentis que ces mots étaient comme un reproche adressé à ma curiosité, qui pouvait paraître inconvenante. Et cependant, l'indifférence des manières de Lawrence me choquait. Ce bon et joyeux garçon, que j'aimais si tendrement, était-il égoïste, indifférent aux maux des autres ? Non, ce n'était point ce sentiment qui lui dictait ces paroles inconsidérées. Il était impossible pour celui dont la nature n'était qu'animation, vigueur et mouvement, de comprendre un seul instant les terreurs du malade, renfermé dans ses sombres appartements pendant ces journées solitaires.

Il y avait presque un mois que j'étais à Fernwood lorsque, pour la première fois depuis notre arrivée, Lawrence nous quitta. Un de ses anciens camarades de collège, lieutenant dans l'armée, était caserné à York, avec son régiment, et Lawrence avait promis d'aller dîner au mess des officiers. Quoique j'eusse été la première à le presser d'accepter cette invitation, je ne pus m'empêcher de me sentir triste et abattue lorsque je le vis s'éloigner et descendre l'avenue, en pensant qu'il nous faudrait passer une longue soirée d'automne sans lui. Malgré tous mes efforts, le temps me pesait horriblement. Le coucher de soleil de septembre était magnifique, et Lucy et moi nous promenions sur la terrasse tandis que Mr Wendale s'endormait dans son fauteuil, ma tante et Lady Adela échangeant quelques monosyllabes, assises près du feu, qu'on allumait toujours dans la soirée.

J'essayai en vain d'écouter la conversation de Lucy. Mes idées s'égaraient malgré moi, tantôt allant vers Lawrence, attablé dans la sale brillamment éclairée, au milieu de ces jeunes officiers déjà blasés, et poussant de joyeux éclats de rire ; tantôt, pour faire contraste, se reportant vers les sombres appartements de l'aile gauche, dans lesquels le malade comptait les longues heures ; puis, prévoyant l'avenir sombre qui, au bout de quelques années, à la mort de notre hôte épuisé, nous rendrait, Lawrence et moi, maître et maîtresse de Fernwood. J'avais souvent essayé de me représenter ce lieu tel qu'il serait lorsqu'il appartiendrait à Lawrence, et que les architectes et les jardiniers y auraient mis la main, mais je ne pouvais me l'imaginer sous un autre aspect que celui qu'il avait, avec ses longues traînées de lierre accrochées aux murs dévorés par la mousse, et ses étangs d'eau stagnante cachés derrière les buissons.

Nous devions nous marier, Lawrence et moi, au printemps suivant. Il atteindrait sa majorité en février, et de mon côté, j'allais avoir vingt ans en mars. Nous avions un an à peine de différence et étions beaucoup trop jeunes pour nous unir, comme disait ma tante. Après avoir pris le thé, Lucy et moi chantâmes et jouâmes. Que la musique me parut triste ce soir-là ! Je crus que ma voix et le piano n'étaient pas plus justes l'un que l'autre, et laissai Lucy au beau milieu de notre duo favori. Je pris vingt volumes se trouvant sur la table du salon. Jamais les romans de Lady Adela ne m'avaient paru si stupides, jamais la conversation de ma tante ne m'avait semblé si fatigante. Je jetai les yeux de ma montre à la vieille pendule sur la cheminée au moins une douzaine de fois, pour m'apercevoir qu'il était à peine dix heures. Lawrence avait promis de rentrer à onze heures et nous avait priées, Lucy et moi, de l'attendre.

Onze heures sonnèrent enfin ; mais Lawrence n'avait pas tenu sa promesse. Ma tante et Lady Adela se levèrent pour allumer leurs bougies. Mr Wendale se retirait toujours un peu après neuf heures. J'insistai pour obtenir une demi-heure de plus. Et Lucy était de mon avis.

— Isabel a raison, dit-elle. Lawrence est un enfant gâté, vous le savez, mère, et il sera très blessé s'il ne trouve personne pour écouter le récit de son dîner d'officiers.

— Pas plus d'une demi-heure alors, jeunes filles, dit ma tante. Je ne puis permettre que vous abîmiez votre teint pour des gens dissipés qui font vingt milles en voiture pour assister à un dîner d'officiers. Une demi-heure, pas une minute de plus, ou bien je descendrai vous gronder toutes les deux.

Nous promîmes d'être obéissantes, et ma tante nous laissa, Lucy et moi ; nous nous assîmes autour du feu qui s'éteignait et brûlait tristement. J'étais trop abattue pour causer, et je restai immobile, écoutant le tic-tac de la pendule ou la chute d'un morceau de charbon sur le cendrier en acier poli. Alors, la pensée qui vient à toute personne qui attend s'empara de moi. *Si quelque chose était arrivé à Lawrence ?* Je me dirigeai vers l'une des fenêtres et ouvris l'un des lourds volets. La nuit était magnifique, claire. Malgré l'absence de lune, des milliers d'étoiles brillaient dans un ciel sans nuages. Je restai à la fenêtre pendant quelque temps, cherchant à percevoir le bruit des roues ou à distinguer au loin les lanternes du phaéton.

Moi aussi j'étais une enfant gâtée ; la vie avait été pour moi brillante et douce, et la moindre idée d'un chagrin ou d'un danger pour ceux que j'aimais me remplissait de crainte. Je me tournai vivement vers Lucy et criai :

— Lucy ! Lucy ! je commence à avoir peur, je crois que quelque chose doit être arrivé à Lawrence. Ses chevaux sont si sauvages et si emportés parfois. Il a peut-être bu quelques verres de vin, remis les rênes au groom, et...

Elle s'avança vers moi et me prit dans ses bras, comme si j'eusse été un petit enfant.

— Ma bien-aimée Isabel, dit-elle, il ne faut point vous tourmenter avec de telles idées. Une demi-heure ne s'est pas encore passée, et quant aux dangers, il est sous l'égide de la Providence, et sans sa protection, ceux que nous aimons ne sont jamais en sûreté, même un seul moment.

Son attitude tranquille calma mon agitation. Je quittai la fenêtre et retournai toute tremblante vers le feu qui se mourait.

— Il est près de minuit moins le quart à présent, chère Isabel, me dit-elle peu après ; il nous faut tenir notre promesse ; quant à Lawrence, vous entendrez sa voiture rentrer avant de vous endormir.

— Je ne m'endormirai pas avant de l'avoir entendue, jurai-je en lui souhaitant une bonne nuit.

Je ne pus m'empêcher d'écouter pour voir si j'entendais le bruit tellement désiré des roues de la voiture pendant que je traversais le vestibule, en montant l'escalier. Je m'arrêtai devant la chambre de ma tante : elle dormait profondément. Je refermai la porte aussi doucement que je l'avais ouverte ; ce fut en quittant cette chambre que, jetant un regard vers le fond du corridor, je fus étonnée de voir une lumière dans ma propre chambre à coucher. Je m'attendais bien à y trouver du feu, mais la lumière qui s'échappait par l'entrebâillement de la porte était plus brillante que la lueur rouge du foyer. Je m'étais jointe à Lawrence pour rire de l'histoire du revenant, mais en voyant cette lumière, je me représentai immédiatement l'ombre de l'infortunée Lady Sybil. Quoi ! Allais-je la trouver accroupie sur mon foyer ?

J'eus presque envie de retourner à la chambre de ma tante, de la réveiller et de lui faire part de mes terreurs, mais une seconde de réflexion me rendit honteuse de ma poltronnerie. Je m'avançai et poussai la porte de ma chambre. Il n'y avait aucun pâle fantôme grelottant au-dessus de mon âtre, mais seulement un chandelier d'argent de forme antique posé sur la table, et Lawrence, mon fiancé, assis auprès du feu qui flambait, sans son costume de soirée, mais entortillé dans une ample robe de chambre de laine grise et coiffé d'un bonnet grec en velours noir, recouvrant sa chevelure blonde.

Sans m'arrêter pour réfléchir à l'étrangeté de sa présence dans ma chambre ; sans m'étonner de ce qu'il était rentré à la maison incognito ; sans aucune autre idée que celle de la joie de le revoir encore, je courus vers lui en m'écriant :

— Lawrence ! Lawrence ! Que je suis heureuse que vous soyez revenu !

Lui, Lawrence, mon fiancé, comme je le croyais, cet homme, changé en une horrible vision, se leva de sa chaise et, arrachant quelques papiers épars sur la table, les roula en les froissant dans sa puissante main, puis en fit une boule qu'il lança, d'un geste hautain, à mes pieds, en poussant un éclat de rire discordant et aigre qui semblait un écho moqueur du joyeux rire que j'aimais tant, avant de sortir par la porte qui ouvrait sur la galerie. J'essayai de pousser un cri mais en vain, mes lèvres et ma gorge étaient sèches et incapables de produire un son. Les panneaux de chêne tourbillonnèrent devant mes yeux, les murs et le plafond parurent vouloir se resserrer comme pour m'écraser. Je tombai lourdement sur le plancher ; mais en tombant, j'entendis le bruit des roues du phaéton dans la cour, et la voix de Lawrence qui appelait les domestiques.

2

Je ne me rappelle plus rien de ce qui arriva au cours de cette épouvantable nuit. J'ai comme un vague souvenir d'avoir vu, en rouvrant les yeux, un million de lumières qui peu à peu s'évanouirent, pour se réduire en une seule, portée par Lucy, qui se tenait auprès du lit sur lequel j'étais étendue. Ma tante, enveloppée dans sa robe de chambre, se tenait à la tête de ma couche. Mon visage et mes cheveux étaient inondés par l'eau et le vinaigre dont on m'avait aspergée, et je pus entendre Lawrence dans le corridor, derrière ma porte, demander à plusieurs reprises :

— Est-elle mieux ? Est-elle tout à fait revenue à elle ?

Mais c'est à peine si j'avais conscience de tout cela. Mon front paraissait écrasé sous un poids immense, et mes mains semblaient rivées derrière ma tête, qu'elles soutenaient sur l'oreiller. Je n'étais pas plus capable de la soulever que je n'aurais été capable de soulever un poids de mille kilogrammes. Je ne pouvais que regarder fixement Lucy, avec des yeux stupides et tristes ; son visage était fort pâle, et je souhaitais intérieurement qu'elle et ma tante s'éloignent pour me laisser seule.

Je crois que j'eus la fièvre et mal à la tête toute la nuit, repassant dans ma mémoire la scène de ma rencontre avec l'ombre de mon fiancé. Toutes les histoires que j'avais entendu raconter pouvaient donc être vraies. J'avais vu le fantôme de l'homme que j'aimais ! Son horrible image, formée peut-être d'air impalpable, et cependant aussi terriblement distincte que si elle eût été formée de chair et de sang.

Lucy était assise auprès de mon lit lorsque je me réveillai, après un court sommeil qui avait succédé à une longue nuit de fièvre. Comme ce moment de repos m'avait fait du bien ! Comme l'évanouissement graduel de ces horribles visions, et ce délire affreux se changeant en un sommeil sans rêve, me furent délicieux ! Ma tête était encore douloureuse, et je me sentais brisée, comme si j'avais gardé le lit depuis une semaine. Mais mon cerveau était dégagé, et j'étais en état de songer tranquillement à ce qui était arrivé.

— Lucy, dis-je, vous ne savez pas ce qui m'a effrayée ni pourquoi je me suis évanouie ?

— Non, ma très chère. Non, vraiment.

— Mais vous ne pouvez rien en savoir, Lucy. Vous n'étiez point avec moi lorsque je suis entrée la nuit dernière dans cette chambre. Vous n'avez point vu...

Je m'arrêtai, incapable de terminer ma phrase.

— Je n'ai point vu qui... ou quoi, chère Isabel ?

— L'ombre de votre frère Lawrence.

Je tremblai des pieds à la tête, au seul souvenir de ma frayeur de la nuit précédente ; et cependant je fus capable d'observer le visage de Lucy, et je remarquai qu'elle devint d'une pâleur excessive.

— L'om-bre... I-sa-bel !

Elle bégaya, non comme si mes paroles l'eussent surprise, mais comme si elle se sentait obligée de me répondre.

— Oui, Lucy, dis-je, me soulevant sur mon oreiller et lui saisissant le poignet. L'ombre de votre frère Lawrence, l'image vivante, pleine de vie et de mouvement, de votre frère ; chacun de ses traits, chacune des teintes de son visage étaient représentés sur la figure du fantôme, comme ils eussent été réfléchis par un miroir ; ce n'était pas une forme vaporeuse et transparente, mais aussi palpable que la vôtre en ce moment. Juste Ciel ! Lucy, je vous donne ma parole solennelle que j'ai entendu le pas du fantôme dans la galerie aussi distinctement que j'ai souvent entendu le pas de Lawrence lui-même, le pas assuré d'un homme fort.

Lucy resta assise pendant quelque temps, observant un profond silence et regardant fixement devant elle, non pas moi, mais la fenêtre à moitié ouverte autour de laquelle les feuilles de lierre se balançaient, et le paysage que l'on apercevait au-dessus des arbres du parc. Je ne voyais que son profil, mais je comprenais, à ses lèvres serrées et à ses yeux fixes, qu'elle réfléchissait profondément.

Peu de temps après, elle me dit, doucement mais avec fermeté, sans tourner ses regards vers moi :

— Il faut que vous soyez bien avertie, ma chère Isabel, que ces illusions sont le fait des êtres au tempérament nerveux, délicat. Vous vous êtes hier soir mise dans un état de surexcitation très grand, à cause de votre inquiétude pour Lawrence. Ayant eu l'esprit rempli de son image et de toutes sortes de craintes à son sujet, qu'y a-t-il d'étonnant à ce que vous ayez imaginé celui que vous croyez avoir vu la nuit dernière ?

— Mais si palpable, Lucy ! si distinct !

— Il est aussi facile au cerveau de se représenter une forme distincte que de se représenter une qui ne l'est point. En optique, fait reconnu par de nombreux témoins, les illusions sont multiples. Mais il faut que je vous envoie notre Dr Arden, afin qu'il cause de cela avec vous. Il est aussi psychologue que médecin, et capable de guérir votre maladie mentale comme de calmer votre pouls accéléré par la fièvre. Lawrence est parti à York à cheval le chercher, et je pense qu'ils seront ici tous les deux dans un instant.

— Lucy, souvenez-vous qu'il ne faut jamais dire à Lawrence la cause de mon évanouissement d'hier soir.

— Jamais, Isabel. J'allais justement vous faire la même recommandation. Il vaut beaucoup mieux qu'il n'en sache rien.

— Beaucoup mieux, Lucy, car dans toutes les histoires de revenants, les visions de ressemblance avec les personnes vivantes sont un présage de mort pour cette personne. Cette pensée éveille toutes mes craintes. Mon Lawrence ! Mon bien-aimé ! Si un malheur lui arrivait ?...

— Allons, Isabel, il faut que le Dr Arden vous parle. En attendant, vous allez prendre le repas que Mrs Porson vous apporte. Pendant ce temps, je vais à la bibliothèque vous chercher la *Démonologie* de Sir Walter Scott ; vous trouverez dans ce livre plusieurs exemples d'illusions d'optique dont je vous ai parlé.

La femme de charge arriva affairée, portant un plateau avec mon repas. Lorsqu'elle eut tout arrangé, élevé ma tête sur une pile d'oreillers et mis le plateau sur la table à côté de mon lit, elle se tourna vers Lucy.

— Oh Miss Lucy, dit-elle, ce pauvre James Beck est si affreusement désolé. Si vous vouliez simplement le voir et lui dire...

Lucy, d'un coup d'œil, lui imposa silence. Son regard était rapide, mais lourd d'avertissements et de reproches. Je ne compris pas pour quelle raison on faisait un mystère du chagrin de James Beck.

Le Dr Arden, le médecin d'York, était le plus charmant des hommes. Il vint dans ma chambre avec Lucy et, par sa conversation pleine de gaieté et son rire, il m'eût remonté le moral au bout d'un quart d'heure.

Il parla des maladies nerveuses, d'illusions d'optique, de fausses impressions relatives aux objets extérieurs, des désordres et de l'état anormal de l'organe de la vue, et d'autres infirmités encore, mi-mentales, mi-physiques, tant et si bien qu'il m'eut bientôt amenée à croire tout ce qu'il disait.

— J'apprends que vous êtes une écuyère accomplie, Miss Morley, dit-il en se levant pour nous quitter, et comme la journée promet d'être belle, je vous recommande instamment une promenade à travers les bruyères, avec Mr Wendale pour cavalier. Faites un somme jusqu'au déjeuner ; levez-vous ensuite pour manger une côtelette de mouton, boire un verre d'ale. Promenez-vous à cheval pendant deux heures au soleil cette après-midi, dînez légèrement et couchez-vous de bonne heure, et je réponds que vous ne verrez plus de fantômes. Vous ne pouvez vous imaginer combien les indigestions occasionnent ces sortes de visions. Je suis sûr que si je voyais la carte de votre dîner d'hier, je découvrirais que le cuisinier de Lady Adela est responsable du fantôme, et qu'il a fait sa première apparition parmi ses entrées. Personne ne peut s'étonner que les Allemands soient le peuple le plus visionnaire au monde lorsqu'on pense qu'ils mangent de la confiture de framboises avec du veau rôti !

Je suivis les conseils du docteur à la lettre, et à trois heures de l'après-midi, Lawrence et moi galopions à travers les bruyères dorées par les rayons du soleil de septembre. Comme toutes les personnes impressionnables, je fus bientôt remise de ma crise nerveuse, et lorsque je m'élançai à bas de mon cheval, devant le perron en pierre du château de Fernwood, j'avais presque totalement oublié mes terreurs de la nuit précédente.

Quinze jours plus tard, ma tante et moi quittâmes le comté d'York pour Brighton, où Lawrence nous suivit à la hâte. Avant notre départ, j'avais tout employé pour engager Lucy à nous accompagner, mais ce fut en vain. Elle nous remercia de l'invitation, mais déclara qu'elle ne pouvait quitter Fernwood. Nous partîmes donc, sans avoir pu la décider, comme je m'étais flattée de pouvoir le faire à cause de la monotonie de sa vie solitaire, et sans avoir pu voir le malade, parent de Mr Wendale, le mystérieux locataire de l'aile gauche du château.

Dans les premiers jours de novembre, Lawrence reçut une lettre bordée de noir ; c'était une lettre de Lucy qui lui apprenait la mort de son père. Le domestique de Mr Wendale avait trouvé son maître assis dans son fauteuil, la tête renversée et un livre ouvert à ses pieds : il était mort. Il souffrait depuis longtemps d'une maladie de cœur.

Mon fiancé m'écrivit de longues lettres du comté d'York, me disant comment sa mère et sa sœur supportaient le coup qui les avait frappées si subitement. C'était un chagrin calme et résigné, plutôt qu'une douleur bruyante, qui régnait dans le cercle étroit de Fernwood. Mr Wendale était malade depuis bien des années et n'était guère une société pour sa femme et sa fille. Sa mort, quoique survenue subitement, était attendue, et sa perte ne fit pas un grand vide dans cette paisible demeure. Lawrence resta à Fernwood pendant la semaine de Noël, mais revint auprès de nous pour le premier de l'an, et il fut convenu que nous retournerions à Fernwood au commencement de février, afin de surveiller la restauration et les changements à faire dans le vieux château.

Tout était prêt pour notre voyage, lorsque, au jour fixé pour notre départ, Lawrence se présenta à Onslow

Square avec une lettre de sa mère, qu'il venait juste de recevoir. Lady Adela nous priait de reculer notre arrivée de quelques jours, car on avait décidé que l'on transporterait Mr Thomas dans une petite maison préparée pour lui près d'York, avant le commencement des travaux à exécuter à Fernwood. La mort de son protecteur n'avait point laissé le malade dans le besoin, car, par son testament, Mr Wendale avait légué deux cents livres sterlings par an à Thomas Wendale.

— Je ne souffrirai pas que notre départ soit différé d'une heure, dit Lawrence avec impatience, en fourrant la lettre de Lady Adela dans sa poche ; ma pauvre folle de mère et ma sœur sont réellement par trop absurdes au sujet de notre cousin au quatrième ou cinquième degré, Thomas Wendale. Qu'il quitte Fernwood ou qu'il y reste, comme il plaira à sa gardienne ou à son médecin, mais je ne veux pas que ses dispositions gênent les miennes. Ainsi, mesdames, je serai tout prêt à vous escorter par le train de onze heures.

Ma tante allégua qu'elle préférerait reculer son départ, ainsi que le désirait Lady Adela ; mais le bouillant Lawrence ne voulut rien entendre, et par une sombre nuit du mois de février, nous montions l'avenue de Fernwood.

Dès l'entrée, nous trouvâmes le Dr Arden dans le vestibule ; c'était presque un mauvais présage de nous voir reçus par le médecin de la famille, et Lawrence en fut un instant alarmé.

— Ma mère ?... Lucy ?... dit-il avec inquiétude. Elles vont bien, j'espère.

— Parfaitement bien. Je ne suis pas venu pour leur donner mes soins ; je sors à l'instant de chez Mr Thomas.

— Va-t-il plus mal ?

— J'ai peur qu'il ne soit plus mal que d'habitude.

L'accueil fut froid, car Lucy et Lady Adela étaient évidemment embarrassées de notre arrivée inattendue. Leurs vêtements noirs, à demi couverts de crêpe, les livrées de deuil des domestiques, la place vide du maître, la triste saison d'hiver et la pluie battant incessamment sur les vitres des fenêtres donnaient un aspect encore plus mélancolique à l'habitation et nous glaçaient jusqu'au cœur.

Tous ceux qui, à une époque quelconque de leur vie, ont éprouvé une affliction que le temps lui-même n'a pu effacer, et dont le poids est si lourd à supporter qu'on se demande comment ils ont pu y résister, ceux-là seuls peuvent savoir combien il est difficile de délimiter l'heure qui a précédé l'angoisse. Je dis ceci de peur d'avoir été influencée par des souvenirs rétrospectifs dans la description des sombres et tristes nuages qui semblaient planer au-dessus du foyer autour duquel étaient rassemblés Lawrence, Lady Adela, ma tante et moi, ce soir-là.

Lucy s'était absentée, et lorsque son frère s'en informa, Lady Adela lui répondit qu'elle était avec Mr Thomas. Comme d'habitude, Lawrence s'emporta à cette réponse. Il lui semblait injuste que sa sœur fût devenue une garde-malade attachée à cet homme.

— James Beck est parti pour York afin de tout préparer pour Mr Thomas, répondit Lady Adela, et le pauvre garçon n'a auprès de lui que sa gardienne.

Le pauvre garçon ! Je m'étonnai que Lady Adela et sa fille parlent toujours de Mr Thomas comme d'un jeune homme.

Le lendemain matin, de très bonne heure, Lawrence insista pour que ma tante et moi l'accompagnions à travers le château, afin de discuter des améliorations futures. J'ai déjà donné la description de la galerie qui s'étendait tout le long du bâtiment ; à l'une de ses extrémités se trouvaient les appartements de Mr Thomas, et à l'autre, ceux habités par ma tante et moi. L'appartement de Lady Adela était tout près de celui du malade, le logement de Lucy venait ensuite, puis la salle de billard et, s'ouvrant sur celle-ci, la chambre et le cabinet de toilette de Lawrence. De l'autre côté de la galerie se trouvaient les chambres d'amis et celles des domestiques ; de plus, un charmant boudoir était réservé à Lady Adela.

Lawrence était de fort belle humeur, indiquant un changement par-ci, un autre par-là. Ici des fenêtres devaient être percées, là des portes ouvertes, et nous rîmes beaucoup en voyant les notes qu'il avait prises au crayon et qu'il devait remettre à l'architecte, car nous nous aperçûmes qu'il fallait démolir en entier le vieux château pour le reconstruire à neuf. Nous avions visité tous les coins de l'habitation, à l'exception des appartements mystérieux de l'aile gauche. Lawrence s'arrêta un instant devant la porte capitonnée, puis, après une seconde d'hésitation, il frappa.

— Je n'ai jamais vu Mr Thomas, et il peut être très inconvenant de demander à voir ses appartements pendant qu'il les occupe, mais l'urgence du motif me servira d'excuse. L'architecte sera ici demain, et il faut que tous mes plans soient prêts pour lui être soumis.

La double porte nous fut ouverte par Lucy, qui fit un bond en nous apercevant.

— Que désirez-vous, Lawrence ? s'affola-t-elle.

— Voir les appartements de Mr Thomas ; je ne le dérangerai pas, je jette juste un coup d'œil.

Je pus voir qu'il y avait une porte vitrée derrière celle où Lucy se trouvait placée.

— Il ne vous est pas possible de les voir aujourd'hui, Lawrence, dit-elle rapidement. Mr Thomas part demain de très bonne heure.

Elle sortit dans la galerie en fermant derrière elle la double porte, mais comme elle la tirait, j'entendis un son qui me glaça d'épouvante et m'incita à saisir avec force le bras de Lawrence.

Le rire, le même rire strident que j'avais entendu sortir des lèvres de l'ombre de mon fiancé !

— Lucy, dis-je, avez-vous entendu ?

— Quoi ?

— Le rire... le rire que j'ai entendu la nuit que...

Lawrence m'avait entourée de ses bras, alarmé de ma frayeur. Sa sœur se tenait un peu derrière lui ; elle mit un doigt sur ses lèvres, me fixant.

— Vous devez vous tromper, Isabel.

Il y avait donc un mystère concernant ce Mr Thomas, un mystère qui, pour une raison particulière, devait être caché à Lawrence.

Une demi-heure après cet événement, Lucy vint vers moi pendant que je cherchais un livre dans la bibliothèque.

— Isabel, me dit-elle, j'ai besoin de vous parler un instant.

— Oui, chère Lucy ?

— Vous devez être ma sœur, et j'ai eu tort de vous cacher le secret qui a fait le malheur de mon père, de ma mère, et le mien. Mais depuis l'enfance de Lawrence, il a été convenu que le chagrin qui pesait sur nous lui serait épargné s'il était possible. Mon père aimait avec tant de passion son gentil et joyeux enfant qu'il reculait de jour en jour à lui révéler un secret qui était pour lui la source de tant de chagrins. Nous trouvâmes qu'avec des soins incessants et une continuelle surveillance, nous pouvions tout cacher à Lawrence, et jusqu'à présent nous avons réussi. Mais il vaut peut-être mieux que vous sachiez tout, car vous nous aiderez à garder ce secret que Lawrence ignore, ou bien, s'il le faut absolument, vous pourrez plus tard le lui apprendre peu à peu, et le préparer à une douleur irrémédiable.

— Mais ce secret, cette douleur, concernent votre parent malade, Mr Thomas ?

— Oui, Isabel.

Je sais que les paroles qui devaient tout me révéler étaient sur ses lèvres tremblantes, que dans un instant elle allait parler, et que j'aurais tout su. Mais avant qu'elle eût le temps de proférer une syllabe, une domestique ouvrit la porte.

— Oh, mademoiselle, s'il vous plaît ! dit-elle. Mrs Peters vous prie de monter immédiatement.

Mrs Peters était la garde-malade de Mr Thomas.

Lucy me serra la main.

— Demain, ma chérie. Demain je vous dirai tout.

Elle sortit précipitamment de la chambre, et je me laissai tomber sur une chaise près du feu, mon livre sur les genoux, incapable de lire une ligne, incapable de penser, si ce n'était à un seul sujet : au secret que j'allais apprendre bientôt.

Si elle avait pu parler alors, juste quelques mots, quels malheurs affreux auraient pu être évités !

Je fus distraite de ma rêverie par Lawrence, qui vint me proposer une partie de billard. Comme j'invoquai la fatigue, il s'assit sur un tabouret à mes pieds et suggéra de me faire une lecture.

— Quelle lecture vous ferai-je, Isabel... *Le Paradis perdu*, *Martin Chuzzlewit*, Byron, Shelley, Tennyson ?...

— Tennyson nous convient de toute manière ! La triste pluie par ce ciel sombre qui bat les croisées, et les bruyères dans cet horizon obscur sont tout à fait dans les cordes de Tennyson. Lisez-moi *Locksley Hall*.

Sa voix grave et mélodieuse prononçait les vers sonores, mais j'entendais les sons sans comprendre. Je ne pouvais songer à rien d'autre qu'au mystère qu'on avait si longtemps caché à mon insouciant fiancé. Lorsqu'il eut fini de lire le poème, il jeta le livre de côté et resta à me regarder avec attention.

— Ma grave Isabel, dit-il, à quoi pensez-vous donc ?

La haute flamme d'un immense feu de tourbe éclairait en plein son beau visage. J'essayai de me secouer et, posant ma main sur son front, je relevai ses cheveux blonds. Ce faisant, j'aperçus pour la première fois une cicatrice sur sa tempe gauche. Une longue coupure paraissant laissée par un couteau, mais qui datait de loin.

— Mais, Lawrence, dis-je, vous m'avez juré n'avoir jamais fait de chute, et cependant vous avez une cicatrice qui en dénote une terrible. Est-ce que cela vous est arrivé à la chasse ?

— Non, ma curieuse Isabel. Il ne faut point accuser un cheval de cet embellissement de ma personne. Je crois que cela m'est arrivé lorsque j'avais deux ou trois ans, mais je ne m'en rappelle pas exactement, quoique j'aie un vague souvenir d'avoir porté un emplâtre et un bandage sur le front.

— Mais cela ressemble à une cicatrice provenant d'une coupure, d'une coupure de couteau.

— Je suis peut-être tombé sur l'angle d'une marche en pierre, ou sur un décrottoir de fer.

— Mon pauvre Lawrence ! Le coup aurait pu vous tuer...

Il prit un air sérieux.

— Savez-vous, Isabel, me dit-il, qu'il est très difficile de ne point associer certains souvenirs d'enfance, que l'on se rappelle vaguement, avec des rêves presque aussi vagues ? Il y a des jours où je m'imagine avoir reçu ce coup, et que c'est un enfant qui m'a lancé un couteau à la tête.

— Un enfant !... Quel enfant ?

— Un enfant de mon âge et de ma taille.

— Était-ce votre camarade ?

— Je ne puis le dire. Je me rappelle seulement de la circonstance du couteau jeté, et de la sensation du sang chaud qui coulait sur mes yeux et m'aveuglait.

— Pouvez-vous vous rappeler où cela s'est produit ?

— Oui, dans la galerie en haut.

Nous goûtâmes à deux heures. Après le lunch, Lawrence entra dans sa chambre pour écrire quelques lettres, Lady Adela et ma tante lurent et travaillèrent dans le salon, tandis que, assise devant le piano, je jouais quelques morceaux de Beethoven.

Nous étions ainsi occupés lorsque Lucy entra dans le salon, en toilette de promenade.

— J'ai demandé la voiture, mère, dit-elle. Je vais à York voir si Beck a fait tout préparer. Je serai de retour pour le dîner.

Lady Adela semblait s'affaiblir de jour en jour, et en était arrivée à se reposer entièrement sur sa fille.

— Je suis sûre que vous ferez pour le mieux, Lucy, répondit-elle. Enveloppez-vous bien, car il fait un froid vif.

— Irai-je avec vous Lucy ? demandai-je.

— Vous ?... Oh, sous aucun prétexte, chère Isabel ! Que dirait Lawrence si je vous emmenais pour toute une après-midi ?

Elle s'échappa de la chambre et, deux minutes après, la lourde voiture s'éloigna. Mon motif, en lui demandant de l'accompagner, était tout personnel. Je pensais qu'elle pourrait reprendre, pendant le trajet, la conversation interrompue le matin.

Si seulement j'étais partie avec elle !

Il est si difficile de nous soumettre aux immuables décrets de la Providence ; il est si difficile de courber la tête avec soumission devant ses ordres, si difficile de ne pas regarder en arrière pour considérer les heures d'insouciance qui ont précédé le coup qui nous a frappé et de calculer de quelle manière il eût pu être évité.

Le noir crépuscule d'un jour de février s'épaississait. Ma tante et Lady Adela s'étaient endormies auprès du feu. Je sortis tout doucement de la chambre pour aller chercher un livre que j'avais laissé à l'étage. Il y avait plus de lumière dans l'antichambre et dans l'escalier que dans le salon, mais la longue galerie était sombre, les ombres se formaient autour des portraits des ancêtres de mon fiancé. Je m'arrêtai un instant en haut de l'escalier et jetai un regard dans la salle de billard. La porte était ouverte, et je pus voir un filet de lumière s'échapper du cabinet de travail de Lawrence. J'entrai dans ma chambre, j'essayai de trouver mon livre, puis retournai dans la galerie. En quittant la chambre, je vis que la porte verte était grande ouverte.

Une invincible curiosité me poussa vers ces mystérieux appartements. Comme je m'approchais de l'escalier, je pus distinctement apercevoir la forme d'un homme debout près de la porte vitrée ; il était à l'intérieur ; le feu allumé dans la cheminée derrière lui, et qui éclairait la chambre, faisait ressortir les lignes de son visage et son corps tout entier. Il n'y avait pas moyen de se tromper sur cette forme si connue, les épaules larges, la tête volumineuse et les boucles de cheveux frisés. C'était Lawrence, regardant au travers des vitres de la porte du malade. Il était donc entré dans ces appartements défendus. L'idée du mystère au sujet du malade et de Lawrence, et le désir exprimé par Lucy que ce mystère ne fût point connu de son frère, me revinrent à l'esprit, et je m'élançai vers la double porte. Lorsqu'il m'aperçut, il secoua avec impatience le loquet de la porte à l'intérieur. Elle était fermée, mais la clef était à l'extérieur. Il ne parla point, mais secoua la serrure, me faisant signe avec la tête de lui ouvrir. Je tournai la clef, la porte s'ouvrait de l'extérieur, et je fus presque renversée par la violence avec laquelle il la poussa, s'élançant dehors et passant devant moi.

— Lawrence !... Lawrence !... criai-je. Que faites-vous ici et qui vous a enfermé ?

Il ne répondit pas, mais suivit la galerie, examinant toutes les portes jusqu'à ce qu'il fût arrivé vers la seule ouverte, celle de la salle de billard. Il y entra.

Je fus blessée de son impolitesse ; mais j'y fis peu attention car j'étais sur le seuil de l'appartement du mystérieux malade et ne pus m'empêcher de jeter un coup d'œil rapide dans la chambre, derrière la porte vitrée.

C'était un vaste salon, meublé très simplement. Un grand feu brûlait dans la grille, qui était entourée d'un garde-feu en cuivre, le plus haut que j'eusse jamais vu. Il y avait un fauteuil auprès du garde-feu, et sur le parquet un tas de livres pour enfants, avec des images aux couleurs vives, quelques-unes déchirées et mises en morceaux. Sur la cheminée, il y avait un pantin de bois attaché par des ficelles, comme en possèdent les enfants. En face de moi, il y avait une autre porte, à moitié ouverte, dans laquelle je vis une chambre à coucher meublée de deux lits en fer, placés l'un à côté de l'autre. Il n'y avait pas de rideaux

aux lits, ni aux fenêtres qui, elles, étaient protégées de barreaux de fer. Mr Thomas était peut-être un fou. La réclusion, les portes fermées, le feu, les fenêtres barricadées, les lits sans rideaux, la surveillance continue de Lucy, de James Beck et de la garde-malade, tout tendait vers cette conclusion.

L'appartement désert prouvait que le maniaque pouvait se promener dans l'ombre. Je me hâtai de retourner vers la galerie et me trouvai face à face avec Mrs Peters, la gardienne, qui avait à la main un plateau à thé.

— Ma parole, mademoiselle ! s'écria-t-elle. Comme vous m'avez effrayée, je vous jure ! Que faites-vous ici et pourquoi avez-vous ouvert cette porte ?

— Pour faire sortir Mr Lawrence.

— Mr Lawrence ! s'écria-t-elle d'une voix chargée de terreur.

— Oui, il était à l'intérieur de cette chambre. Quelqu'un l'avait enfermé, je suppose, et il m'a prié de lui ouvrir.

— Oh, mademoiselle, qu'avez-vous fait !... Qu'avez-vous fait !... Aujourd'hui surtout, que nous avons eu tant de mal avec lui !... Qu'avez-vous fait !... gémit-elle.

Ce que j'avais fait ? L'agitation de cette femme me portait à croire qu'elle-même était folle.

Oh, Dieu de miséricorde ! J'entendis le rire ! Le rire moqueur et strident de la folie ! Cette fois, il résonnait en longs et bruyants éclats, se répercutant dans toute la maison.

— Oh, pour l'amour de Dieu ! m'écriai-je, m'agrippant à la gouvernante. Dites-moi ce que c'est... dites-le-moi !

Elle me repoussa violemment et, s'élançant en haut de la rampe de l'escalier, elle cria de toute sa force :

— Andrew !... Henry !... Apportez de la lumière !

Les domestiques arrivèrent, deux vieux qui servaient dans la maison depuis trente ou quarante ans. Ils se présentèrent avec des bougies et suivirent la garde-malade dans la salle de billard.

La porte de communication entre celle-ci et la chambre de Lawrence était grande ouverte et, sur le seuil, la lumière de l'intérieur l'éclairant, se tenait l'image vivante de mon fiancé, l'être que j'avais vu derrière la porte vitrée et que j'avais pris pour Lawrence. Son visage était contracté par un rire sinistre, et il prononça quelques mots inintelligibles lorsque nous l'approchâmes, des sons gutturaux horribles à l'oreille. Malgré ma frayeur et mon égarement, je pus néanmoins remarquer que les poignets de sa chemise étaient tachés de sang.

La gardienne le regarda sévèrement ; il s'échappa comme un enfant apeuré et se blottit dans un coin de la salle de billard, tandis qu'il riait et grimaçait, en fixant les taches de sang sur son poignet.

Nous nous précipitâmes dans le petit cabinet. Oh ! Horreur des horreurs ! La table était renversée, l'encre, le papier, les plumes, tout était épars sur le parquet et, au milieu de cette confusion, Lawrence étendu par terre, son sang s'écoulant lentement, avec un triste murmure, d'une horrible blessure à la gorge.

Un canif, avec lequel probablement il taillait des plumes lorsqu'il avait été dérangé par son horrible visiteur, gisait parmi les papiers, éclaboussé de sang jusqu'au manche.

Lawrence avait été assassiné par son frère jumeau, qui était un fou.

On fit une enquête. Je puis me rappeler à tout moment, à toute heure, le décor de cette scène. La triste chambre dans laquelle était déposé le corps, le sombre ciel de février, la voix monotone du magistrat et celle du médecin, puis moi-même, ou plutôt une malheureuse créature, pâle, tremblante, aux lèvres livides, que je reconnaissais à peine pour être moi, faisant sa déposition. On reprocha à Lady Adela d'avoir gardé le fou à Fernwood sans en avoir informé Lawrence, mais on s'efforça d'étouffer cette horrible histoire. Thomas Wendale fut jugé à York et transféré dans une maison d'aliénés jusqu'au bon plaisir de Sa Majesté. Son infortuné frère fut enterré discrètement dans les caveaux de Wendale, dont le principal mausolée se trouve dans l'église humide et pleine de mousse, située aux portes de Fernwood.

Voilà plus de dix ans que ces événements se sont déroulés, et cependant l'horreur de cette soirée de février est aussi présente à mon esprit que le jour où je restai, non pas sans connaissance, mais terrifiée d'horreur, étendue sur un sofa, écoutant les gémissements de sa malheureuse mère et de son infortunée sœur.

Le chagrin me changea tout à coup de jeune fille en vieille femme, non pas que mes cheveux blanchirent, mais en raison de la perte soudaine de tous mes sentiments de jeunesse, qui se transformèrent en une monotonie triste et résignée. Ce changement dans mon caractère amena Lucy à s'attacher à moi par un lien plus fort que celui d'une belle-sœur. Lady Adela mourut deux ans après le meurtre de son fils. Le domaine de Fernwood – d'abord mis sous séquestre à cause du crime du fou – nous fut restitué ensuite par la clémence royale ; il est passé entre les mains des héritiers légaux.

Lucy vit avec moi dans l'île de Wight. Elle est mon soutien, ma protectrice, ma sœur aînée, sans laquelle je serais perdue, car je suis devenue une créature sans force.

Ce ne fut que plusieurs mois après le discret enterrement de Lawrence que Lucy me parla du misérable jumeau, cause de tant de malheurs.

— La folie de Thomas, me dit-elle, fut causée par sa chute des bras de sa nourrice, qui entraîna un dysfonctionnement fatal du cerveau. Mes deux frères étaient bien jeunes alors et se ressemblaient tant que nous ne pouvions les distinguer l'un de l'autre que par la couleur des rubans qui attachaient les manches de leurs tabliers blancs. Mon pauvre père souffrit beaucoup de ce malheur arrivé à son fils ; tantôt renaissant à l'espoir, à la suite de consultations de spécialistes, tantôt retombant dans un affreux découragement. C'est en raison de son immense chagrin qu'il avait pris la décision de cacher la maladie de Thomas à son frère jumeau. Dès l'âge le plus tendre, Thomas fut isolé dans les appartements qu'il occupa jusqu'au meurtre de son frère. James Beck et la gardienne, ayant tous deux l'expérience des malades mentaux, furent engagés pour le soigner ; de fait, les plus strictes précautions étaient requises, car Thomas montra une animosité extraordinaire envers son frère s'il lui arrivait de le rencontrer, et c'était à cette occasion qu'il avait frappé Lawrence d'un coup de couteau dont celui-ci porta la marque jusqu'à sa mort. Les médecins attribuèrent cette haine profonde à quelque mauvais sentiment prenant sa source dans la grande ressemblance existant entre les deux enfants. Thomas s'élançait sur son frère comme certains animaux sauvages se jettent sur leur propre image dans le miroir. Avec moi, même dans ses accès les plus violents, il était en comparaison plus docile, mais la plus stricte surveillance était nécessaire. Et le crime horrible que le misérable

– mais irresponsable – commit enfin, eût pu ne jamais arriver, sans notre imprudente absence, à James Beck et à moi.

The Mystery at Fernwood
Traduit par Charles Bernard-Derosne

L'ASSASSINAT DE MISS PEBMARSH

Emmuska Orczy

Je repliais mon Daily Telegraph *après l'avoir lu attentivement lorsque le « vieil homme dans le coin*[1] *» s'écria, avec une loquacité qui ne lui était pas coutumière :*

— Admettez qu'il serait difficile de trouver une affaire plus extraordinairement combinée, entourée de circonstances plus saisissantes, que celle de Miss Pamela Pebmarsh. En ce sombre drame de la vie, la cruauté, le sang-froid, le calcul ont été poussés à l'extrême.

En voici l'histoire :

Une vieille fille, Miss Lucy Anne Pebmarsh, vivait avec sa jeune nièce Pamela et une domestique dans une de ces petites maisons, nouvellement construites, qui se trouvent à proximité de la gare de Borcham Wood. Le seul fait d'avoir une domestique et d'habiter une maison neuve était plus qu'il n'en fallait pour que ses voisines affirment qu'elle « avait les moyens ».

1. Appellation donnée par l'auteure à l'étrange personnage, grand conteur de récits de crimes, qui avait pour habitude d'élucider, à côté d'elle, dans le coin d'un petit restaurant de Londres, des énigmes obscures pour les tribunaux, tout en accumulant et défaisant des nœuds sur son éternelle cordelette.

Cependant, elle ne fréquentait personne, allait rarement à l'église, n'assistait ni aux réunions des mères de famille, ni aux réunions plus ou moins mondaines qui ont contribué à faire connaître la petite localité de Borcham Wood.

On était donc très peu renseigné sur ce qui se passait chez la vieille dame. On savait qu'elle avait connu des jours meilleurs et que, depuis peu, elle avait pris sa nièce chez elle ; on savait aussi que cette nièce avait mené une existence assez mouvementée avant de trouver un abri chez sa tante ; certaines commères allaient jusqu'à insinuer, mais à mi-voix, que Miss Pamela – horreur ! – avait fait du théâtre.

En tout cas, cette jeune personne semblait souffrir de la vie que lui imposait sa tante, qui ne la laissait presque jamais sortir seule et lui donnait très peu d'argent. En outre, malgré sa coquetterie certaine, cette pauvre Miss Pamela portait les robes les plus simples et des chapeaux de femme de chambre.

En somme, des futilités, des bavardages sans importance, comme vous voyez ! Rien d'intéressant jusqu'à ce fameux mercredi d'octobre. Tout à coup, la petite maison de Borcham Wood devint le centre d'intérêt de tous les journaux anglais, le sujet de conversation de tous les lecteurs.

Donc, ce fameux mercredi, Jenny Godd, la domestique de Miss Pebmarsh, alla à Luton pour rendre visite à une de ses sœurs qui était malade. Elle ne devait rentrer que le lendemain matin. Il semble étrange que Miss Pamela ait choisi l'après-midi de ce même mercredi pour aller à la ville, laissant sa tante seule à la maison, et ne soit rentrée à Borcham Wood que par le dernier train, qui arrivait quelques instants avant une heure du matin.

Il était une heure passée lorsque les voisins de Miss Pebmarsh furent arrachés à leur paisible sommeil par des cris effroyables. Presque aussitôt, on vit Miss Pamela sortir précipitamment de la maison de sa tante. Elle alla frapper à plusieurs portes en continuant de crier.

Je renonce à vous décrire l'émotion qu'une scène pareille, au milieu de la nuit, dut causer dans un patelin aussi tranquille que Borcham Wood !

Des têtes apparurent aux fenêtres ; quelques personnes sortirent en hâte à demi vêtues, et bientôt, telle une traînée de poudre, la nouvelle se répandit que Miss Pamela, en rentrant, avait trouvé sa tante morte, dans le salon.

Mr Miller, l'épicier, fut le premier à trouver assez de courage pour pénétrer dans la maison.

Miss Pamela n'eut pas la force de l'accompagner. Affolée, elle prononçait des paroles sans suite, où l'on comprenait juste que sa tante avait été assassinée.

Il faut admettre que le spectacle qui s'offrit à Mr Miller et à ceux qui s'étaient enhardis à le suivre était bien de nature à bouleverser une jeune fille. Près de la fenêtre du salon se trouvait un petit secrétaire dont les trois tiroirs étaient ouverts ; des papiers traînaient sur le secrétaire et à terre.

Sur une chaise devant le bureau, mi-assise, mi-étendue, la tête renversée, les bras en avant, Miss Pebmarsh gisait, morte. Même pour le témoin le moins observateur, il était évident que la malheureuse femme avait été assassinée. Un des voisins s'empressa d'enfourcher une bicyclette pour se rendre jusqu'au poste de police. Bientôt deux agents arrivèrent sur les lieux. Ils firent aussitôt sortir les gens et s'efforcèrent d'obtenir de Miss Pamela quelques renseignements sur le drame.

Il fut tout d'abord absolument impossible à celle-ci de répondre aux nombreuses questions qui lui étaient posées. Enfin, avec beaucoup de patience, le brigadier Evans parvint à lui faire raconter ce qui suit :

— J'ai reçu une invitation pour aller au théâtre hier soir. J'étais invitée depuis longtemps et ma tante m'avait même vivement conseillé d'accepter. Je ne pensais pas devoir renoncer à cette sortie qui froisserait mon amie, juste parce que Jenny Godd n'était pas là. J'ai eu une petite dispute avec ma tante à ce sujet, mais je suis partie quand même. Je suis rentrée par le dernier train et suis allée directement de la gare à la maison. J'avais le passe-partout sur moi. Je suis rentrée dans le salon parce que j'avais vu de la lumière et... et... alors...

À partir de là, le récit de la malheureuse fille s'embrouillait. Elle se rappelait seulement avoir vu quelque chose d'horrible, d'épouvantable, et s'être précipitée dehors en appelant au secours. Le brigadier Evans arrêta là son interrogatoire. Une voisine charitable offrit l'hospitalité à Miss Pamela ; les policiers restèrent pour surveiller le cadavre et garder la maison jusqu'à l'arrivée des autorités.

Comme la tragique découverte avait lieu dans la nuit, les journaux du lendemain matin ne purent relater qu'en quelques lignes cet assassinat, ceux du soir ajoutèrent que la police se montrait très discrète, mais qu'on supposait qu'elle était sur une piste sérieuse.

Je me rendis à Borcham Wood, pressentant que cette affaire réserverait des surprises. Une longue expérience m'a appris qu'un crime dont on ne soupçonne pas le motif à première vue finit toujours par révéler un côté intéressant de la pauvre nature humaine.

Dès mon arrivée à Borcham Wood, je n'entendis parler que de ce meurtre autour de moi et je sentis aussi l'impatience des gens devant la progression de l'enquête. À peine une demi-heure plus tard, le bruit courut qu'on avait arrêté le meurtrier, et cinq minutes après son nom fut sur toutes les lèvres : l'assassin présumé n'était autre que la propre nièce de la victime, Miss Pamela Pebmarsh.

Je constatai que mes prévisions ne m'avaient pas trompé : cette affaire allait certainement devenir très intéressante.

Il était environ deux heures de l'après-midi quand j'arrivai au poste de police où devait avoir lieu l'enquête. La salle était déjà comble, et j'eus toutes les peines du monde à trouver une bonne place me permettant de bien examiner les principaux acteurs de ce drame de village.

Je vis Pamela Pebmarsh encadrée de deux policiers. Oui, cette charmante jeune fille de vingt-cinq ans à peine était inculpée d'avoir assassiné, avec sauvagerie, une vieille femme de soixante-dix ans, sa parente, qui lui avait si généreusement donné l'hospitalité.

À cet instant de son récit, le vieil homme s'arrêta et retira d'une des poches de son pardessus deux ou trois petites photographies qu'il mit sur la table devant moi.

— Voici Miss Pamela Pebmarsh, dit-il en me désignant un des portraits. Elle était grande et séduisante malgré le pauvre vêtement de deuil qu'elle se crut obligée de porter. Bien entendu, cette photographie ne vous donne pas la moindre idée de sa physionomie le jour de l'enquête. Elle avait ce jour-là le teint livide, les yeux exorbités de peur, les mains tremblantes.

Dès le début, j'ai senti qu'elle n'avait pas pour elle la sympathie du public. Son entrée avait été saluée par un murmure désapprobateur, auquel elle avait répondu par un regard de colère. Mes voisins faisaient des remarques qui ne lui étaient guère favorables. Il était évident que les gens du coin ne pouvaient pardonner à Miss Pamela ni sa beauté ni son passé théâtral.

Le rapport du médecin légiste fut bref. Miss Lucy Anne Pebmarsh avait été frappée dans le dos avec un instrument pointu qui avait traversé le poumon gauche. Le meurtrier avait dû la surprendre au moment où elle écrivait, assise devant son secrétaire. La mort était survenue en quelques secondes.

— Selon vous, fit préciser le coroner[1], Miss Pebmarsh aurait-elle pu faire un mouvement quelconque après avoir été poignardée ?

— Peut-être... oui... Mais, en tout cas elle n'a pas cherché à se lever.

— Mais aurait-elle pu, par exemple, atteindre la sonnette qui se trouvait sur la table, ou bien attraper la plume et écrire un mot ou deux ?

— Oui, sans doute qu'elle aurait pu, à condition que ces objets se trouvent très près d'elle. Mais à mon avis il ne lui restait à ce moment que quelques secondes de vie.

C'était une incertitude tout à fait plaisante, vous voyez, continua le vieil homme, c'était vague comme toutes les dépositions, comme tous les rapports des hommes de science.

---

1. En Angleterre, l'enquête est faite publiquement par les soins d'un magistrat nommé « coroner ». Un jury décide s'il y a eu crime ; et il envoie en cour d'assises, ou déclare innocent, l'accusé que la police ordinaire lui présente.

Ensuite le brigadier Evans répéta ce que lui avait dit alors Miss Pamela Pebmarsh et ce qu'elle a toujours répété depuis.

Elle avait été au théâtre, laissant sa tante seule à la maison. Elle était rentrée par le dernier train, à une heure du matin, était allée directement au salon à cause de la lumière, et y avait trouvé sa tante morte devant son secrétaire.

Il lui fut facile de prouver qu'elle était allée à Londres dans l'après-midi : le chef de gare et les employés de chemin de fer l'avaient vue partir. Malheureusement, pour le retour, la ligne de Londres à Borcham Wood, à l'heure de sortie des théâtres, était bondée, et de plus, ce soir-là, il faisait un temps brumeux, et personne de la gare ni des environs ne pouvait témoigner l'avoir vue prendre ce train.

Mais il y avait plus grave : Pamela refusa de donner le nom des amis avec qui elle était allée au théâtre, eux qui pouvaient facilement lui servir d'alibis. On eut beau lui répéter que ces personnes pourraient témoigner en sa faveur en prouvant l'heure à laquelle elle avait quitté Londres, elle continua de se taire.

Pendant tout l'interrogatoire, je ne l'avais pas perdue de vue. Elle était effrayée, terrifiée même, cela ne faisait aucun doute. Le tremblement continu de ses mains, l'angoisse dans ses yeux disaient assez qu'elle gardait un secret. Et ce secret serait-il assez terrible pour qu'elle se comporte de cette façon ?

Ce qui frappa l'assistance, ce fut que ce crime ne contenait pas le moindre mobile. La vieille femme ne possédait aucun bien censé intéresser un héritier. À défaut de luxe, au moins sa tante lui offrait-elle un toit.

Mais, détrompez-vous, la police anglaise, aidée par un des plus habiles détectives de Scotland Yard, n'aurait pas procédé à une arrestation aussi sensationnelle sans avoir en main des motifs sérieux.

En voici les principaux témoignages.

Citons tout d'abord Jenny Godd, la servante de la victime. Elle s'avança, toute de noir vêtue, avec sur la tête un monumental chapeau de crêpe où scintillait une quantité impressionnante de perles de jais. Sa figure couleur de cire jaune et ses lèvres minces étroitement pincées lui donnaient un air de puritanisme le plus rigide et de méchanceté la plus revêche. Elle ne daigna pas une seule fois jeter un regard sur Pamela, qui pourtant la fixait d'un air suppliant comme un pauvre oiseau pris au piège.

En réponse aux questions du coroner, Jenny Godd déclara que, le mercredi matin, elle avait reçu de Luton une lettre de sa sœur la priant de venir la voir dès que possible.

— Comme il restait pas mal de choses dans le garde-manger, raconta-t-elle, j'ai demandé à Madame si elle pouvait se passer de moi jusqu'au lendemain. Elle m'a dit oui, en ajoutant qu'elle s'arrangerait avec sa nièce.

— Elle ne vous a pas prévenue que sa nièce allait également sortir ce soir-là ? demanda le coroner.

— Non ! répondit sèchement Jenny. Non ! elle ne m'a rien dit de tel. Je l'ai aussi entendue plus tard dire à sa nièce devant moi : « Pamela, Jenny part à Luton voir sa sœur, nous serons seules ce soir. »

— Et qu'a-t-elle répondu ?

— Bien, ma tante.

— C'est tout ?

— Oui, c'est tout.

— Alors, il ne fut pas question que Miss Pamela s'absente !

— C'est bien cela, acquiesça Jenny. Autrement, j'aurais demandé mon congé un autre jour.

On sentit une vive animosité sous le monument de crêpe qui surmontait la face de cire.

— Alors, dans ce cas, vous ne pourrez rien m'apprendre à propos de la dispute entre la tante et sa nièce, quand celle-ci voulait à tout prix se rendre au théâtre ?

— Malheureusement non. Mais vous savez, entre elles deux les motifs de dispute ne manquaient pas.

— Ah ? Et à quel propos ?

— À propos d'argent surtout. Miss Pamela est très coquette et sa tante n'arrivait pas à la satisfaire. Elle qui vivait d'une petite pension que lui versait une grande dame, une vieille amie à elle, cinquante livres par semaine, pas plus. Oh ! Miss Pebmarsh aurait pu avoir beaucoup plus que cela si elle avait voulu.

— Vraiment ? s'étonna le coroner. Et comment ?

— Eh bien, voilà, cette grande dame ne s'était pas toujours conduite comme elle aurait dû. Elle avait été l'amie de Miss Pamela quand elles étaient toutes deux actrices. Et à ce propos, je peux vous dire qu'elles en ont fait des belles et des...

— C'est bien ! c'est bien ! interrompit vivement le coroner. Contentez-vous, je vous prie, de donner au jury des renseignements au sujet de la pension que Miss Pebmarsh recevait d'une certaine dame.

— Mais c'est de cela que je parlais, répondit Jenny Godd en faisant claquer ses minces lèvres. Miss Pebmarsh savait deux ou trois petites choses au sujet de cette personne. Elle avait en sa possession quelques lettres que la belle dame n'aurait certainement pas montrées à son mari ou à ses amis du grand monde. Miss Pebmarsh m'en a souvent parlé. Et quand Miss Pamela eut connaissance de ces documents, aussitôt elle harcela sa pauvre tante ; elle voulait tout simplement vendre ces documents à la grande dame moyennant quelques beaux billets. Je l'ai entendue réclamer ces lettres à plusieurs reprises, mais Miss Pebmarsh les lui a toujours refusées. Elles étaient enfermées dans un tiroir du secrétaire... Miss Pamela tenait absolument à les récupérer. Et c'est sûrement pour ces lettres que ma pauvre maîtresse a été assassinée par cette méchante fille qui a mangé son pain et qui serait morte de faim sans elle. Voilà ce que j'ai à vous dire, et je le dis à tous ceux qui peuvent m'entendre.

Personne n'avait interrompu Jenny Godd pendant tout le temps qu'elle racontait – avec un visible soulagement – cette histoire extraordinaire qui éclairait soudain d'un jour nouveau la mort de la pauvre Miss Pebmarsh. Il ne vint à personne l'idée de douter de la véracité de l'histoire. D'ailleurs, il suffisait de regarder l'accusée pour être fixé. Miss Pamela était devenue livide, elle chancela et serait tombée si quelqu'un ne l'avait soutenue en attendant qu'on lui approche une chaise. On donna à boire à Pamela Pebmarsh de petites gorgées de rhum et de soda, ce qui lui évita une syncope.

Quant à Jenny Godd, elle resta absolument impassible. Après sa déposition, elle se retira d'un pas mécanique et revint s'asseoir à sa place, figée tel un étrange mannequin de cire.

Il se fit un long silence. Pamela, plus morte que vive, se tint immobile elle aussi.

Puis ce fut au tour de l'inspecteur Robinson de déposer. Toutes les personnes présentes pouvaient lire sur sa figure qu'il avait hautement conscience de l'importance de son rôle.

— Je suis arrivé jeudi matin par le premier train. Personne n'avait encore touché au corps de la victime, sauf le médecin légiste. Les policiers savent bien que, dans ce genre d'affaires, ils doivent laisser la scène en l'état. Donc, quand je me suis présenté, mes yeux ont tout de suite remarqué un bout de papier coincé sous la main droite de la malheureuse. Celle-ci tenait encore son porte-plume à la main, et l'encrier était à sa portée. Monsieur, voici le papier que j'ai trouvé.

Un silence angoissant suivit cette déclaration. Tout le monde retint son souffle... On entendit juste le bruit de papier défroissé. Le coroner, le visage grave, donna le contenu après l'avoir lu :

— Messieurs les jurés, voici ce que dit ce papier que vient de me remettre l'inspecteur Robinson. (Il fit une pause, nous tenant en haleine. Enfin, il lut à haute voix :) « Je meurs assassinée par ma nièce Pam... » C'est tout, messieurs, conclut-il après avoir replié le papier. Elle n'a pas terminé sa phrase, la mort a dû la surprendre en plein milieu.

À ce moment précis, il y eut un cri terrible : Miss Pamela, les cheveux épars, les yeux hagards, étendit les bras et, sans un mot, sans une plainte, tomba inanimée sur le parquet.

Oui, raconta le vieil homme, il y avait évidemment assez de preuves pour faire pendre vingt personnes, sans compter que la jeune fille, comme une folle, s'était jetée elle-même dans la gueule du loup. Tous ceux qui, ce jour-là, quittèrent la salle d'audience n'avaient aucun doute quant à la nature du verdict. Cependant le coroner avait ajourné la suite de l'enquête, au grand dam des jurés qui auraient déclaré sans ambages : « Miss Pamela Pebmarsh est coupable d'assassinat ! »

Le lendemain matin, le bruit se répandit que la « grande dame » qu'avait mentionnée Jenny Godd, celle qui versait une pension à Miss Pebmarsh, n'était autre que Lady de Chavasse.

Dès que le nom eut été prononcé, tous – et surtout les femmes – haussèrent les épaules avec un « Naturellement, il fallait s'y attendre ».

À vrai dire, Lady de Chavasse, née Birdie Fay, était une des femmes les plus élégantes de la haute société ; elle était à la tête d'une douzaine d'œuvres de charité et patronnait généreusement les hôpitaux, et sa maison était une des plus courues de Londres. Elle avait autrefois paru sur scène et quand Sir Percival de Chavasse l'avait épousée, la famille d'ancienne noblesse de celui-ci avait réservé un accueil plutôt froid à la belle actrice. Il convient d'insister sur le fait que Lady de Chavasse, même avant son mariage, se comportait de manière exemplaire, jamais personne n'avait eu à la blâmer sur sa conduite. Et on était unanime à reconnaître que Sir Percival ne l'aurait pas introduite dans son milieu si le moindre racontar eût terni sa réputation.

Du jour au lendemain, le nom de Lady de Chavasse fut sur toutes les lèvres. Au fond on la plaignait : elle avait su charmer tous ceux qui l'approchaient et gagner l'estime générale, on louait le profond respect qu'elle vouait à sa belle-mère et le tact parfait qu'elle montrait en toutes circonstances.

Le lendemain nous réserve de nouvelles surprises. Pamela Pebmarsh, conseillée par un avocat perspicace et expérimenté, s'était enfin décidée à faire courageusement face au danger et à parler plus qu'elle ne l'avait fait jusque-là.

Toujours aussi bouleversée, mais se maîtrisant mieux, elle risqua une déclaration qui, si la preuve en était apportée, avait de grandes chances de la faire bénéficier d'un non-lieu.

Voici en quelques mots ce qu'elle raconta. Le jour du drame elle était bien allée à Londres dans l'intention de se rendre au théâtre. Arrivée à la gare, elle avait acheté un journal du soir et s'était mise à le lire. À la page mondaine, une note avait retenu toute son attention ; on y annonçait le retour de Sir Percival et de Lady de Chavasse à leur hôtel, 51, Mardsen Mansions, Belgravia.

L'audience était tout ouïe. Elle continua :

— Lady de Chavasse était la dame qui versait à ma tante la petite pension qui lui permettait de vivre. Je l'ai connue autrefois alors qu'elle faisait du théâtre, et l'idée m'est venue d'aller la voir pour parler un peu du passé. Donc, au lieu d'aller au théâtre, je suis allée dîner chez Slater's dans Piccadilly. Je me suis rendue ensuite chez Lady de Chavasse. Il était environ huit heures lorsque je suis arrivée au 51, Mardsen Mansions, et j'ai eu la bonne fortune de la voir immédiatement. Nous avons bavardé pendant très longtemps. Il était onze heures moins le quart lorsque j'ai pris congé d'elle et j'ai manqué le train qui part de St Pancrace à onze heures. J'ai donc dû attendre celui de minuit vingt.

Tout cela était vraisemblable, et comme la défense avait cité Lady de Chavasse comme alibi, on s'attendait à ce qu'elle dénoue enfin une terrible situation. Restait à savoir si le témoignage de cette grande dame – qui somme toute était une ancienne amie de Pamela – suffirait à contrebalancer le poids de l'accusation écrite par la victime avant sa mort.

Mais Lady de Chavasse allait trancher cette question de la façon la plus imprévue. Dans sa délicieuse toilette et avec son allure distinguée, elle détonnait complètement dans cette petite salle de tribunal, parmi les villageoises en robe simple et chapeau démodé.

Elle paraissait très maîtresse d'elle-même, se contentant de jeter un regard hautain à la malheureuse jeune fille dont la vie dépendait de son bon vouloir.

À la question du coroner, elle répondait qu'elle était en effet l'épouse de Sir Percival de Chavasse et qu'elle était domiciliée au 51, Mardsen Mansions, Belgravia.

— Vous connaissez la prévenue depuis longtemps, nous a-t-on dit ? poursuivit le coroner.

— Oui, répondit Lady de Chavasse d'une voix claire et musicale, j'ai connu cette jeune... cette jeune... personne il y a longtemps, mais je ne l'avais pas revue depuis des années.

— Elle prétend s'être présentée chez vous mercredi dernier vers neuf heures du soir.

— En effet, et c'était pour essayer de me faire chanter.

Cette fois, il fut impossible de se méprendre sur le sens du regard profondément méprisant que l'élégante dame lança à la pauvre jeune fille assise devant elle. Très calme, Lady de Chavasse continua :

— Elle m'a raconté une histoire ridicule au sujet de certains papiers compromettants me concernant. Elle a poussé sa « bonté » jusqu'à m'offrir de me les échanger contre quelques centaines de livres. Son impudence m'a stupéfiée... je n'étais pas au courant de l'existence de tels papiers. Elle a alors menacé de les porter à mon mari... Je ne me rappelle pas très bien la suite de notre conversation, mais je sais qu'elle est partie en me laissant entendre qu'elle allait se faire remettre ces lettres par sa tante, Miss Pebmarsh, qui, entre parenthèses, a été ma gouvernante quand j'étais petite et à qui je verse une petite rente depuis que je la sais sans ressources.

Sans s'appesantir sur sa générosité, elle porta à ses lèvres un petit mouchoir en dentelle fortement parfumé.

— Alors, la prévenue a bien passé la soirée du mercredi avec vous ? insista le coroner tandis que Pamela laissait échapper un soupir de délivrance.

— Elle a passé une partie de la soirée avec moi, oui. Elle est arrivée vers neuf heures.

— Et à quelle heure était-elle partie ?

— Vraiment, il m'est impossible de vous le dire. Je pense qu'il était environ dix heures.

— Vous ne pouvez pas l'affirmer ? Réfléchissez, essayez de raviver vos souvenirs, la vie d'une femme dépend de votre mémoire.

— Je suis vraiment désolée, répondit-elle de sa voix musicale. Mais je ne puis jurer sans être certaine de ce que j'avance, n'est-ce pas ? Or, je ne suis pas certaine.

— Mais vos domestiques ?

— Ils étaient dans la partie arrière de l'appartement, aucun d'eux n'a raccompagné cette personne.

— Et votre mari ?

— Oh ! quand il a vu que j'étais occupée, il s'est rendu à son club et est revenu quand elle était déjà partie.

— Birdie ! Birdie ! je vous en supplie, essayez de vous rappeler ! cria désespérément la malheureuse fille qui voyait s'évanouir son dernier espoir.

Lady de Chavasse ne se laissa pas émouvoir, elle se contenta de la regarder avec encore plus de mépris. Ayant terminé sa déposition, elle se retira, laissant flotter sur son passage un parfum de violette...

— Et Pamela Pebmarsh ? repris-je après un silence, car le vieil homme s'était tu et examinait avec attention le portrait d'une femme merveilleusement belle et vêtue avec la dernière élégance.

— Ah oui, Pamela Pebmarsh ! s'exclama-t-il en souriant. Il y eut un dernier acte dans ce drame palpitant, un acte qui constitua le dénouement aussi inattendu que saisissant. Savez-vous par qui elle fut sauvée ? Par Jenny Godd ! Oui, j'ai bien dit Jenny Godd, celle qui l'a accusée au tout début avec tant d'aplomb. Eh bien, ce fut elle qui, à la fin, a prouvé l'innocence de la jeune fille.

On avait montré à Jenny les quelques mots accusateurs de la victime. Jenny, qui n'était pas très instruite, avait eu tout d'abord du mal à les déchiffrer, mais après les avoir bien examinés, elle s'était écriée :

— Ce n'est pas la pauvre femme qui a écrit ça ! Son écriture avait quelque chose de bien spécial, parce qu'elle écrivait toujours avec sa main gauche.

— Sa main gauche ? articula le coroner, tandis que les jurés, comme les auditeurs, n'en pouvaient croire leurs oreilles.

Ils étaient suspendus aux lèvres de la servante. La surprise était générale.

— Mais oui, répondit tranquillement Jenny Godd. Vous ne savez donc pas qu'un accident l'avait privée de sa main droite dès son enfance ? Ses doigts étaient comme paralysés. Son encrier se trouvait toujours à la gauche de son secrétaire. Il lui était absolument impossible d'écrire avec la main droite.

Dans l'opinion de toutes les personnes présentes, il y eut alors un revirement. C'était invraisemblable, après avoir reçu un coup de poignard, un poumon traversé de part en part, sur le point de mourir, qu'elle fasse une chose qu'elle n'avait jamais pu faire auparavant !

L'assassin avait mis le porte-plume dans sa main droite, et c'était lui-même qui avait tracé ces mots servant à égarer la justice et envoyer honteusement à la mort une innocente jeune fille. Heureusement pour celle-ci le lâche criminel ignorait que la main droite de Miss Pebmarsh était paralysée depuis des années.

L'enquête fut remise à huitaine, ce qui permit à l'avocat de Pamela de recueillir de nouvelles preuves de son innocence. Il eut la chance de trouver deux témoins qui avaient vu Pamela dans un omnibus se dirigeant vers St Pancrace vers onze heures et quart. Il découvrit aussi un voyageur qui, dans le train de minuit vingt-cinq, avait fait le trajet avec elle jusqu'à Hendon. Aussi à la fin de l'enquête, Pamela Pebmarsh put-elle quitter la salle d'audience la tête haute.

Il n'en reste pas moins vrai qu'aujourd'hui encore le mystère de l'assassinat de Miss Pebmarsh demeure entier. L'histoire des lettres compromettantes est également restée inexpliquée. Ceux qui ont assisté aux débats se sont souvent demandé si ces lettres existaient réellement.

Ici le lecteur est prié de réfléchir et de chercher par qui la vieille dame fut tuée.

— Un fait est certain, en dehors de Miss Pamela qui cherchait à s'en approprier pour mener à bien sa tentative de chantage, qui d'autre serait intéressé par ces lettres, si ce n'est Lady de Chavasse elle-même ?

— Lady de Chavasse ? Vous n'allez pas prétendre que cette dame du monde est allée à Borcham Wood au milieu de la nuit pour assassiner Miss Pebmarsh, à qui elle verse depuis des années une pension, et mettre son crime sur le dos d'une autre ?

— Mais non, je ne suis pas un imbécile, répliqua le vieil homme avec une pointe de vanité. D'après la déposition même de Miss Pamela, elle est restée avec Lady de Chavasse au 51, Mardsen Mansions, jusqu'à vingt-trois heures. Nous savons qu'il n'y a pas de train entre St Pancrace et Borcham Wood entre vingt-trois heures et minuit vingt-cinq. L'alibi invoqué par Miss Pamela peut par conséquent servir également à Lady de Chavasse. D'ailleurs cette grande dame était incapable d'accomplir pareille prouesse.

— Que voulez-vous dire ? demandai-je.

— Osez-vous affirmer n'avoir jamais réfléchi à la solution possible de cette énigme ? répliqua-t-il avec ironie.

— J'avoue..., commençai-je, impatientée.

— Avouez que je n'ai pas réussi à vous expliquer le fin mot de toute cette affaire, en vous incitant à remonter jusqu'à son origine.

— Qu'appelez-vous l'origine de cette affaire ?

— Les lettres compromettantes, parbleu !

— Mais...

— Attendez ! Attendez donc ! (Le vieil homme se mit à défaire avec fébrilité les nœuds de son éternelle cordelette.) Ces lettres existaient réellement, sans cela pourquoi y aurait-il eu discussion entre Miss Pamela et Lady de Chavasse ? Pourquoi ne l'avait-elle pas fait chasser par un domestique dès le début du chantage si elle ne redoutait rien ?

— C'est vrai !

— Bon, continuons... Puisque Lady de Chavasse était trop futée pour commettre elle-même le crime horrible dont elle accusera plus tard cette pauvre Miss Pamela, essayons de découvrir qui d'autre s'intéresse à ces lettres au point de vouloir se les procurer à tout prix à sa place.

— Oui, qui ?

— Son mari, parbleu ! jubila le vieil homme en faisant claquer sa cordelette, maintenant libre de tout nœud.

— Son mari ?

— Pourquoi pas ? Il avait le temps, et l'audace ne lui manquait pas. Dans tout appartement il est très facile d'entendre ce qui se dit dans la pièce à côté. N'oubliez pas qu'il était chez lui pendant une partie du fameux face-à-face, puisque Lady de Chavasse a affirmé qu'il était sorti plus tard. Il est très probable qu'il ait entendu toute la conversation, notamment ce qui concernait les lettres compromettantes avec les menaces de chantage. Je vous laisse deviner sa déconvenue. Il entrevit soudain sa vie basculer : son honneur serait entaché, son nom terni... Et les sarcasmes des parents « Voilà ce que c'est que de s'enticher d'une actrice ! » Je l'imagine écoutant la dispute entre les deux femmes et se décidant tout d'un coup à aller chercher lui-même, sur-le-champ, ces maudites lettres. Il avait juste le temps d'attraper le train de dix heures pour Borcham Wood.

» Remarquez que je ne prétends pas qu'il soit allé là-bas avec l'intention de commettre un crime. Il est plus que probable qu'il comptait simplement acheter ces lettres à Miss Pebmarsh. Cependant personne ne peut percer à jour son dessein réel ni ce qui s'est passé, personne sauf le meurtrier lui-même.

» Miss Pebmarsh abusant de la situation a-t-elle trop demandé ? A-t-il pensé qu'elle en savait trop et qu'il fallait la liquider pour de bon ? On ne le saura jamais.

» Qu'est-ce qui l'a poussé à aller plus loin dans le crime en laissant une fausse accusation qu'il a placée sous la main de sa victime ? Fut-ce sa haine contre cette jeune fille, origine de son mal ?

» Autant de questions auxquelles il est impossible de répondre !

» Enfin, après avoir commis son crime et préparé une mise en scène complète, il parvint à prendre le dernier train pour Londres, celui de onze heures vingt-trois.

» L'innocence de Pamela fut démontrée mais le nom du meurtrier demeure toujours un mystère. Réfléchissez un peu à mes conclusions, vous admettrez qu'elles désignent nettement le coupable.

The Murder of Miss Pebmarsh
Traduit par Jean-Joseph Renaud

MON CAUCHEMAR

Dorothea Gerard

La plupart des gens ont leurs cauchemars favoris. Le mien fait apparaître un personnage assis, immobile, dans une attitude si profondément gravée dans mon esprit que, bien que vingt années aient passé depuis le jour où je l'ai vu, je pourrais encore aujourd'hui le dessiner – à supposer que je sois capable de dessiner – jusque dans ses spécificités les plus anodines, jusque dans le plus ultime détail de son environnement immédiat. Comment en suis-je un jour arrivé à croiser un personnage aussi obsédant ? Tel est le sujet que je me propose d'évoquer.

En 1867, le régiment de lanciers au sein duquel je servais alors, qui depuis onze ans stationnait en Galicie orientale, reçut l'ordre de marcher sur Silberstadt, une importante cité située dans l'une des provinces germanophones de l'Empire. Cette mutation avait ravi tous les officiers ; nos hommes, en revanche, en furent profondément attristés. Ils avaient tous été recrutés dans les environs, et jusque-là, les dures vicissitudes du service avaient été allégées pour eux par la familiarité même de leur environnement. Les routes sur lesquelles ils se déplaçaient étaient celles-là mêmes où ils avaient joué étant enfants ; la chaîne de montagnes qu'ils distinguaient à l'horizon était celle qu'ils avaient connue toute leur vie durant. Même s'ils n'étaient plus vraiment des hommes libres, ils restaient cependant en contact avec ceux de leur nation.

À notre arrivée à destination, nos hommes semblèrent pour ainsi dire abasourdis par le bruit et l'activité de la ville. La dimension des baraquements, la taille des chambrées, les fenêtres lourdement grillagées, les longs passages voûtés qui renvoyaient à chaque pas les échos des sols de pierre, tout leur parut étrange et confondant dans ce bâtiment qui avait été à l'origine un couvent.

À l'époque où nous arrivâmes à Silberstadt, j'appartenais à la compagnie du capitaine Stigler. Celui-ci avait à son service un lancier qui répondait au nom de Jan Baryuk, un homme qu'il avait choisi pour ordonnance, principalement, je crois, à cause d'une sorte d'instinctif sentiment de familiarité. Le capitaine Stigler était un pédant maniaque de la plus belle eau. De la quantité de bière qu'il absorbait au dîner jusqu'au nombre de pains de savon à la glycérine qu'il utilisait en une année, tout était calculé de façon systématique, suivant des règles aussi immuables que les lois qui régissent l'univers. Quant à son serviteur, il suffira de dire qu'en matière de maniaquerie il était une copie accentuée de son maître. Baryuk accomplissait tous ses devoirs avec une sorte de consciencieuse, immuable et pesante quête de la perfection dont je n'ai jamais vu la pareille. Il pouvait consacrer une matinée entière à nettoyer de fond en comble une seule de ses bottes de parade, et l'après-midi entière de la même journée à opérer de même sur la seconde botte. C'était un jeune gaillard de belle taille, plutôt avenant, avec néanmoins des yeux bruns quelque peu mélancoliques ; le genre d'homme qui n'extériorise jamais le moindre sentiment et qui ne s'exprime jamais sans qu'on se soit adressé à lui.

Il y avait à peine un peu plus de trois semaines que nous étions arrivés à Silberstadt, lorsqu'un beau matin, mon ordonnance pénétra dans ma chambre avec un message du capitaine Stigler, dont les quartiers étaient voisins des miens. Il me demandait de bien vouloir lui prêter un flacon de vinaigre pour sa machine à café, car il ne trouvait plus le sien.

L'idée même que le capitaine Stigler fût incapable de retrouver quelque chose qui lui appartînt me parut si saisissante et si peu naturelle que je supposai immédiatement qu'il devait être indisposé. Je me dirigeai donc en conséquence vers ses appartements avec l'intention de m'enquérir de sa santé. J'y trouvai le capitaine en bras de chemise, ferraillant avec sa cafetière, le visage à demi rasé.

— Où est Baryuk ? lui demandai-je, surpris.

— Si je savais où est Baryuk, me répondit le capitaine non sans irritation, je ne serais certainement pas en train de me brûler les doigts avec cette satanée machine. C'est la première fois, depuis qu'il est à mon service, qu'il ne m'a pas éveillé au moment dit.

— Il est bien rentré la nuit dernière ?

— Je ne saurais le dire. Tout était prêt comme d'habitude pour la nuit. Son lit est encore fait. Je ne puis absolument pas déterminer s'il y a dormi ou non. C'est très embêtant ; cela dérange tous vos arrangements.

Le malheureux capitaine avait l'air parfaitement pitoyable. La longue absence de Baryuk l'avait à l'évidence perturbé.

— Il est possible, remarquai-je, qu'il ait commencé à apprécier les charmes de la ville et se soit rendu à quelque partie de plaisirs nocturne, au point de négliger d'observer le retour du jour.

— Absurde, répondit le capitaine, un homme comme Baryuk se sentirait aussi à l'aise dans la distraction qu'un hareng dans une assiette.

Je suggérai alors la possibilité que Baryuk se soit aventuré hors du cantonnement et égaré.

— Nous savons tous comment le simple fracas d'un omnibus ou le tintement d'un tramway bouleversent le sang-froid de tels hommes et les prive de tout sens de l'orientation, arguai-je, mais il est fort probable qu'il sera de retour avant midi.

Le capitaine grommela quelque espoir dans ce même sens et sur ces entrefaites, je me retirai.

Je ne revis pas le capitaine Stigler avant le lendemain, lorsque nous nous rencontrâmes au manège.

— Eh bien, lui demandai-je, quelle excuse Baryuk vous a-t-il donnée ?

— Aucune, me dit le capitaine, dont le visage portait toujours la même expression de perplexité irritée que je lui avais vue le jour précédent. Cela devient de plus en plus mystérieux, et je déteste les mystères, ils dérangent tous vos calculs.

— Vous voulez dire que vous ne l'avez pas revu depuis hier ?

— Pas même le lobe de son oreille.

Ma curiosité commença à être titillée, car il y a dans ma nature un véritable instinct de détective.

— Vous croyez qu'il pourrait avoir déserté ? m'enquis-je. Bien que cela me semble fort peu probable.

— Bien sûr que non, c'est fort improbable, même si je ne puis nier que des désertions se soient déjà produites dans nos rangs ni que j'ai vu les coins de la bouche de Baryuk s'affaisser de plus en plus depuis que nous sommes dans cette caserne – la nostalgie, je suppose.

Plusieurs jours passèrent, au cours desquels je n'échangeai que de rares paroles avec le capitaine Stigler – j'appréciais tellement la vie dans cette ville que je ne pensais plus à Baryuk. Quand il m'arriva de m'enquérir de lui, je m'entendis répondre qu'il n'avait pas réapparu. On en avait avisé le colonel, une enquête avait été diligentée, qui n'avait apporté aucun résultat. On n'avait pas davantage revu Baryuk dans sa famille.

— La théorie de la désertion peut donc être abandonnée, remarquai-je. Pourquoi pas un larcin, alors ? Vous manque-t-il quelque chose ?

Au lieu de me répondre sur-le-champ, le capitaine Stigler se dressa, les mains profondément enfoncées dans les poches, me dévisageant d'un air perplexe.

— Oui, il me manque *un* objet, fit-il enfin avec quelque hésitation, mais ce n'est pas quelque chose qu'un individu en possession de tous ses sens déroberait. Allons, venez, je vais vous montrer.

Du couloir où nous nous tenions, je le suivis jusqu'à sa chambre. Sur le mur au-dessus du chevet de son lit, on pouvait voir, fixées à des crochets de cuivre, une rangée d'armes soigneusement alignées par ordre croissant. Un des crochets restait inoccupé.

— Il y avait un revolver sur ce clou, précisa le capitaine.

— Un revolver ? (Le détective en moi dressa immédiatement l'oreille.) Vous croyez en la possibilité d'un suicide ?

Le capitaine Stigler éclata d'un rire des plus bruyants.

— Un suicide, avec un revolver comme celui-là ! Pourquoi donc, alors qu'il serait beaucoup plus facile de se hacher en pièces avec un taille-crayons émoussé.

Il m'expliqua alors que l'arme qui manquait datait d'une époque où le concept même du revolver moderne luttait encore pour son existence, et que c'était en réalité une sorte de produit hybride, plus tout à fait un pistolet et pas encore un revolver. C'était uniquement à titre de curiosité que le capitaine Stigler l'avait aussi longtemps conservée.

— En outre, ajouta le capitaine, qui suivait toujours le cours de sa réflexion, même s'il s'était tué, il n'aurait pas pu s'ensevelir par la même occasion, et de toute façon il ne serait pas allé bien loin. Depuis lors, on aurait entendu parler de lui.

Je ne pus faire autrement que d'acquiescer, mais l'idée de ce revolver manquant resta obstinément fixée dans mon esprit.

Quelques jours passèrent encore. Nous étions arrivés à Silberstadt à la fin de septembre, et nous étions à présent à la fin du mois d'octobre. Le temps s'était rafraîchi. Où allons-nous entreposer nos réserves de chauffage ? demandèrent les épouses des soldats à leurs maris, et les maris fort troublés transmirent la question à un colonel encore plus embarrassé.

Nous tenions pour établi que les caves – qui étaient d'une grande étendue mais ne nous servaient que peu, compte tenu de la distance qui les séparait de nos divers logis – avaient au cours des années précédentes été assignées aux officiers afin de servir de pièces de rangement pour leur bois et leur charbon. L'ordre fut donc donné de faire visiter lesdites caves par une commission. L'officier responsable de l'inspection de détail ce jour-là reçut pour mission d'accompagner la délégation. Il se trouve qu'en ce 29 octobre, la tournée d'inspection m'avait été attribuée. C'est ainsi que je fus donc de la partie. Nous possédions un vieux plan des caves, tout en lambeaux, qui indiquait les divers croisements et bifurcations, et ce document allait nous guider dans notre expédition. Deux lanciers porteurs de falots nous accompagnèrent.

Quelque peu rouillée faute d'être souvent utilisée, la clef de la zone des caves était accrochée dans le poste de garde. C'est un certain Baum, un vieux sergent, qui essaya le premier de déverrouiller la lourde porte de fer. Il n'y réussit pas. Le capitaine Wertel, qui commandait notre expédition, essaya ensuite, mais avec le même résultat. Ce fut alors mon tour. Tandis que je bataillais, mon épée, que j'avais coincée sous mon bras, pesa contre la porte, qui pivota aussitôt sur ses gonds. Pas étonnant que nous n'ayons pas pu l'ouvrir, puisqu'elle était déjà ouverte. Comme nous le prouva ensuite un examen sommaire, la serrure était intacte. Nous supposâmes donc que la dernière personne qui était descendue dans ces caves – sans doute des mois plus tôt – avait par inadvertance négligé de tourner la clef.

À partir de la porte, un escalier de pierre nous conduisit directement dans les régions inférieures. Parvenus tout en bas, nous constatâmes que nous nous trouvions dans un passage voûté, plutôt long et assez large, chichement éclairé par intervalles au moyen d'ouvertures munies de grilles qui donnaient vers le haut, sans doute dans la grande cour. Comme nous le vîmes bien vite, l'expédition dans laquelle nous étions embarqués n'était en aucune manière une sinécure, mais au contraire une véritable mission d'exploration. Nous circulions au milieu d'un véritable labyrinthe de passages étendant leurs ramifications dans toutes les directions depuis notre point de départ. Certains d'entre eux s'achevaient de façon abrupte et nous forçaient à revenir sur nos pas, d'autres empruntaient des détours inattendus que nous eûmes de considérables difficultés à repérer sur notre plan vétuste, afin de ne pas perdre le sens de l'orientation.

Nous n'avions pas encore emprunté de nombreux détours lorsque je fis halte et déclarai que je ne ferais pas un pas de plus sans allumer un cigare. J'en proposai également un au capitaine Wertel, qui déclina mon offre avec un rire et ajouta en plaisantant qu'il était dommage que je n'eusse pas plutôt emmené avec moi un flacon de parfum, car j'aurais dû savoir que les caves, surtout lorsqu'elles restent fermées des mois durant, sont loin de sentir aussi bon qu'un boudoir féminin. Il devait sûrement y avoir du bois humide, peut-être même quelques rats morts égarés, sans compter le manque d'aération.

Nous avançâmes encore sur quelques dizaines de mètres. Le capitaine Wertel, qui avait totalement abandonné le ton de la plaisanterie, remarqua qu'après tout il ne refuserait pas un cigare, dans le cas où je penserais à réitérer ma proposition. Il ne faisait absolument aucun doute que ces niveaux inférieurs étaient abominablement mal ventilés.

Je lui offris donc un cigare et nous poursuivîmes de l'avant durant quelques instants. Le lieutenant Meyer, du corps du Génie, faisait de son mieux pour décrypter les chiffres portés au-dessus des entrées des diverses pièces et les comparait à la faible lueur de sa lampe aux indications qui figuraient sur le vieux plan.

Quand au bout d'un moment je jetai un regard au capitaine Wertel, je fus frappé par le fait qu'il semblait étrangement pâle.

— Capitaine, lui dis-je, après avoir marqué une halte, je ne crois pas que cette atmosphère nous convienne vraiment. Ne ferions-nous pas mieux de retourner quérir un médecin et des désinfectants ? L'air que nous respirons ici-bas est resté confiné pendant si longtemps qu'il ne sied plus vraiment à la survie d'un homme.

Le capitaine commença par soulever des objections, puis finit par opiner. C'est ainsi que nous retournâmes sur nos pas, non sans un grand empressement de la part de tous les membres de notre expédition.

Nous trouvâmes le docteur en train d'effectuer sa tournée, et nous réquisitionnâmes deux lanciers supplémentaires armés de torches. L'expédition ainsi renforcée reprit une fois de plus sa mission. Je suis incapable de dire quelle idée avait en tête le capitaine Wertel lorsqu'il demanda les deux lanciers de plus, si du moins il avait quelque idée précise. Même si nous évitâmes d'échanger le moindre propos à ce sujet, je ne puis m'empêcher de supposer que nous eûmes tous deux le pressentiment qu'allait nous être réservée une déplaisante découverte.

C'est vraisemblablement pour cette raison que le dénombrement des portes fut à partir de ce moment quelque peu hâté, et que nous poussâmes de l'avant de façon instinctive, tendus à atteindre les extrêmes limites de cette zone souterraine. L'un des lanciers armés d'une lanterne marchait en tête ; je me tenais immédiatement sur ses talons et me sentais comme un détective sur la piste de quelque brûlante enquête. Chaque porte que nous dépassions, nous l'ouvrions toute grande, et une lanterne était avancée dans l'entrée. Il n'y avait rien à voir sauf, de temps en temps, quelques morceaux de bois épars, un antique tub rouillé et percé, une autre fois le manche d'une hache. Certaines caves étaient encore noires de poussière de charbon. Nous marchions depuis dix bonnes minutes lorsque l'homme qui me précédait poussa une autre porte au détour d'une étroite galerie et y introduisit sa lanterne. Il y eut alors le bruit d'une chute ; il avait laissé tomber sa lumière au sol et fait marche arrière de façon si soudaine qu'il faillit me heurter. Et je pus entendre ses dents claquer.

— Il y a quelque chose qui est assis là, murmura-t-il.

Dans sa chute, la lampe s'était fracassée et, comme nous étions disposés en une seule file, l'un derrière l'autre, à cause de l'étroitesse de la galerie, il fallut un long moment pour que l'une des lumières de l'arrière pût être passée jusqu'à l'avant. La cave elle-même, comme elle n'était éclairée que par une petite ouverture située au-dessus de la porte, était pour ainsi dire noire comme un four. Je crus que la seconde lanterne n'arriverait jamais. Voici ce que je vis lorsqu'elle me parvint enfin.

Contre le mur, face à la porte, était entassée une pile de bois de chauffage, que le précédent propriétaire de la cave avait dû abandonner derrière lui ; des taches de moisissure et des bancs de petits champignons jaunâtres s'étaient répandus à la surface du bois. Au milieu de la pièce se dressait la noire masse informe d'un de ces billots sur lesquels on refend le bois. Une silhouette humaine y était assise, plongée à ce qu'il me sembla dans ses pensées, la tête baissée sur la poitrine, la main gauche – celle qui était dirigée vers l'entrée – reposant sur le genou tandis que le bras droit pointait tout droit vers le bas. Le personnage était en bras de chemise. J'arrachai le falot des mains du soldat qui le portait et m'avançai de quelques pas. L'homme assis sur le billot portait de hautes bottes et des pantalons gris, du modèle même utilisé par les ordonnances d'officier. Son uniforme bleu reposait au sol à côté de lui, soigneusement plié et impeccablement disposé, la doublure vers l'extérieur ; le béret surmontait le tout. Une épaisse trace blanche s'étalait sur le billot, tout près de l'homme assis – un morceau de suif fondu au bout duquel pendaient tout de biais les derniers restes d'une mèche consumée. Alors que je m'approchais davantage, une petite chose sombre sauta du billot sur le sol et s'éclipsa sans bruit parmi les bûches empilées – c'était un rat. Je m'aperçus alors que la main droite du mort, qui pendait vers le bas, étreignait encore un objet. Je rapprochai davantage la lumière et compris qu'il s'agissait d'un revolver, un modèle démodé à l'aspect plutôt disgracieux. La chemise était largement ouverte ; la partie gauche de la poitrine véritablement hachée en pièces. Les traits du visage de l'homme n'étaient plus très reconnaissables, ce qui était vraisemblablement dû à la position inclinée de la tête, mais l'arme et les vêtements indiquaient que cet homme assis n'était autre que le Baryuk qui avait disparu.

Le capitaine Wertel fut le premier à retrouver l'usage de la parole :

— Ne le touchez pas, dit-il rapidement. Ne touchez rien de tout cela : nous avons fait tout ce que nous avions à faire ici, le reste sera confié à une autre commission.

Il n'était pas besoin de cet ordre du capitaine : nous quittâmes les lieux avec soulagement. On posta deux lanciers de garde à la porte : ils se tinrent là, tout pâles, comme si la mort s'était reflétée sur leurs visages pétrifiés d'horreur. Tous les autres se précipitèrent à la lumière du jour, et j'allai directement présenter mon rapport au colonel.

Les détails de l'affaire furent couchés par écrit l'après-midi même. Dans mon rôle d'officier inspecteur, j'accompagnai à nouveau la commission nommée à cet effet et descendis pour la troisième fois de la journée dans les caves. L'enquête révéla au grand jour les circonstances suivantes : le revolver avait été chargé de sept balles, six d'entre elles avaient été tirées, tandis que la septième était restée dans la chambre.

J'ôtai l'arme de la main du mort en présence des membres de la commission et l'examinai avec minutie. Je relevai ensuite sa tête et comptai les entrées de balles sur son torse. Tout correspondait. Cinq coups étaient situés autour du cœur, et seul le sixième l'avait bel et bien traversé. Il s'était donc assis là dans l'intention délibérée de se frapper en plein cœur, mais ses connaissances en matière d'anatomie ne lui avaient pas permis d'atteindre le bon endroit du premier coup. Il avait échoué à cinq reprises ; la sixième fois enfin, sa persévérance avait été couronnée de succès. Il avait dû guetter le moment favorable pour subtiliser au poste de garde la clef de l'entrée des sous-sols. Il avait ensuite déverrouillé la porte et consciencieusement remis la clef à sa place, après quoi il s'était méthodiquement employé à mettre son plan à exécution. L'épaisseur des vieux murs avait amorti tout écho de ses tirs.

S'ensuivit alors l'identification officielle de Baryuk, à laquelle le capitaine Stigler dut assister, et c'est avec un verdict de « suicide pour motifs inconnus » que la commission fut ensuite renvoyée.

Quoi qu'il en soit, pour moi qui suis un compatriote de Baryuk, ces motifs ne sont en rien « inconnus », mais au contraire parfaitement clairs. J'ai attiré l'attention sur eux dès le début de ce récit. Ni le remords d'avoir commis un crime, ni la crainte de ses conséquences, ni un chagrin d'amour n'ont joué un quelconque rôle ici – ce n'est personne d'autre que la grande ville qui a causé la mort de cet homme simple, à l'entendement lent et étroit. Il n'avait pas eu assez d'initiative pour déserter, mais il eut assez d'horrible et opiniâtre énergie pour se donner lentement la mort avec le vieux revolver ridicule du capitaine Stigler.

Et c'est cette silhouette courbée, assise sur son billot, qui revient me hanter dans mes cauchemars.

My Nightmare
Traduit par Alain de Gueldre

CONDAMNÉE À VIE

Georgina C. Clark

La jeunesse nous fait commettre bien des folies. Et j'ai moi-même commis ce que le monde estime être une véritable folie : je me suis mariée par amour. Harry et moi étions aussi pauvres l'un que l'autre, et le monde, scandalisé, nous tourna le dos. Les esprits forts de nos deux familles, déterminés à nous laisser tout loisir de nous repentir de notre mariage intempestif, nous abandonnèrent à nos seules ressources. Harry obtint néanmoins, grâce à un vieil ami de sa famille, un emploi de commis dans une maison de commerce de la City. La rémunération était modeste, et nous eûmes à cette époque à subir moult coups du sort et manigances. Malgré tout, nous étions très heureux. En jeune couple obstinément épris, nous refusâmes d'assimiler la leçon que nos parents nous avaient imposée. Plutôt que de nous repentir, nous nous engageâmes au contraire comme beaucoup dans le combat pour la vie. Oui, je suis fière de dire que nous nous sommes battus et que nous l'avons emporté. À présent que nous possédons notre maison dans les beaux quartiers du West End, que je mène mon attelage par des rues où naguère, quels que fussent les sourires que nous adressions à la Destinée, je n'avançais qu'équipée de caoutchoucs et d'une ombrelle lorsque le temps était maussade ; à présent que bon nombre de nos amis sincères et éprouvés, qui alors n'auraient pas daigné franchir notre seuil, se pressent à nos agréables réceptions ; à présent donc je puis jeter un regard en arrière et me remémorer avec plaisir nombre d'épisodes de notre vie passée. L'un d'eux, en revanche, intimement attaché à cette époque, demeure empreint d'une indicible horreur. Et c'est cette histoire que je me suis promis de relater. Je dois admettre que, lorsque nous avons pris ce petit cottage à Hampstead, avec son chèvrefeuille qui poussait au-dessus de la porte, nous avons considéré l'événement, en ces jours anciens où nous avions encore à nous battre, comme une ascension sociale, et nous décidâmes d'améliorer le loyer pourtant modéré en accueillant une locataire. C'était un progrès, car nous n'avions jusque-là occupé que des appartements, et quiconque n'a pas l'expérience de sentiments similaires peut difficilement se figurer la joie avec laquelle nous saluâmes l'idée de résider enfin sous un toit bien à nous.

Nous entrâmes donc en possession de notre cottage, et c'est alors que se présenta ladite locataire, grâce à la prompte intervention du *Times*, en la personne d'une dame d'un genre très particulier. Nous estimâmes qu'elle devait avoir environ cinquante ans. C'était une femme svelte et raffinée, mais qui se distinguait de façon déconcertante par une étonnante raideur de gestes. Elle avait une démarche lente, mesurée et pesante, et quand elle se déplaçait, son pied semblait ne jamais quitter le sol. Il n'y avait aucun balancement, aucune souplesse dans son allure, qui ressemblait davantage à celle d'une statue sur roues qu'à celle d'une créature vibrant des pulsions de la vie. Elle avait une chevelure épaisse, quoique entièrement grise, ajustée simplement et de façon soignée, et ne portait ni ornement ni chapeau, avec toujours cette même totale absence de style. Son visage profondément marqué était d'une pâleur de cendre. Elle arriva en cab, un soir tard, et ma domestique me fit remarquer combien il était curieux que, bien qu'étant de toute évidence une lady, elle se fût assise à l'extérieur, à côté du cocher. Je trouvai le fait très étonnant, mais il s'effaça vite de ma mémoire, trop insignifiant sans doute pour y demeurer. Quand je dis qu'il s'effaça de ma mémoire, je n'utilise pas l'expression correcte. Il se faufila plutôt dans un recoin inoccupé de mon esprit dans l'attente d'être réemployé au moment opportun – à l'instar de ces petits fragments de couleur qui viennent s'agencer dans un puzzle –, comme aujourd'hui, dans l'abominable histoire de mon extravagant pensionnaire.

Elle était descendue du cab vêtue d'une vieille robe damassée, d'une mante noire et d'un bonnet, et tenait pressée contre elle une voilette du même sombre aspect, impénétrablement close, comme si son visage eût été un ennemi secret que tous auraient voulu dévoiler tandis qu'elle tentait désespérément de le dissimuler. Une imposante malle, d'une facture très démodée et à l'évidence originellement destinée à servir de complément à un équipage de voyage, couronnait le toit du cab. L'extérieur en était tendu de cuir, cerclé de métal, garni de clous et assuré d'un gros cadenas auquel venait s'ajouter un lourd fermoir. Elle n'était pas sans ressembler à sa propriétaire – âgée, usée et d'un noir éraillé. Ses larges poignées cliquetèrent lorsque l'homme la déposa au sol. Il ne fut pas aisé de la transporter à l'étage. Contenait-elle des livres, pour être si pesante ? Elle abritait sans aucun doute quelque bien très précieux à sa propriétaire, car celle-ci observait son transport d'un regard anxieux ; à en juger par l'intérêt inquiet qu'elle semblait y porter, je ne pus douter qu'elle avait voyagé sur la banquette du cab afin d'être plus proche de son trésor et qu'elle avait à dessein choisi la nuit pour procéder de la sorte. Quand la malle fut enfin arrivée en haut, elle s'assit dessus et demeura ainsi. Nous ne trouvâmes à l'intérieur du cab qu'un bagage à main de dimensions réduites.

Elle n'avait pas donné de nom lorsqu'elle avait répondu à notre annonce, mais simplement expédié une enveloppe timbrée adressée à « Alpha, Poste restante, Douvres ». Kitty, ma domestique, lui demanda si elle désirait du thé et aussi sous quel nom elle devait s'adresser à elle.

— Je prendrai du thé, je vous remercie, fut sa réponse, sur un ton lent, à demi absent et intériorisé, qui lui était si personnel. Mon nom n'a pas d'importance. Mais comment, moi, dois-je vous appeler ?

— Kitty, s'il vous plaît.

— Parfait alors, Kitty, vous m'appellerez *Madame*, ou plutôt *Ma'am*, comme vous le prononcerez certainement !

Là-dessus, elle alloua à Kitty un mois de loyer et lui réclama un reçu.

— L'argent est plus fiable que les noms, ajouta-t-elle de sa manière lente et distraite, comme se parlant à elle-même. Qu'est-ce que mon nom pour eux ? Et d'ailleurs, quel est *mon nom* ?

Puisque la chose paraissait la tourmenter et qu'elle n'avait en réalité aucune importance pour nous, nous ne posâmes plus la moindre question et ne l'appelâmes plus dès lors que « la dame du dessus ». Elle se comportait avec une évidente étrangeté. Elle déambulait parfois au crépuscule dans le jardin, à l'abri derrière sa voilette qu'elle tenait près de son visage, d'une main nerveuse et gantée, comme elle l'avait fait le soir de son arrivée, et ses yeux semblaient chercher la fenêtre de sa chambre avec une inquiétude soupçonneuse qui semblait faire partie de son excentricité même.

Il apparut bientôt que le bagage à main de la dame ne contenait que du linge de rechange, délicat et orné de dentelle fine à l'origine, mais depuis reprisé de la façon la plus soigneuse et la plus élaborée. N'étaient un dé à coudre, des ciseaux, des épingles et des aiguilles, comme les vêtements qu'elle portait sur elle, notre pensionnaire aurait pu paraître totalement désargentée. Pourtant, l'énorme et pesante malle devait bien contenir quelque chose. Mais, bien qu'elle fût l'objet de tant de sollicitude, nous ne pûmes découvrir s'il lui arrivait de l'ouvrir. Elle l'avait placée de façon qu'elle soit bien visible depuis ses deux pièces. La journée durant, elle demeurait assise dessus. Le matin, lorsque Kitty lui amenait son broc d'eau chaude, la dame semblait toujours éveillée, allongée de côté, le regard fixé sur son précieux coffre.

Le jour où cette hôte paisible mais excentrique fit son entrée dans notre demeure, elle avait en sa possession une liasse de billets de banque et un coffret de bijoux de valeur. Même si elle ne s'accordait que rarement le nécessaire, les billets furent bientôt dépensés. Puis Harry lui procura, grâce à un ami, un acquéreur à bon prix pour sa parure.

Les mois passèrent, puis les années, et il arriva un jour où nous sûmes que ses ressources étaient désormais épuisées. Nous nous sentions à présent profondément concernés par le sort de notre hôte, en dépit, et peut-être à cause de ses mœurs étranges, et nous prîmes l'habitude de nous entretenir à son sujet comme s'il s'était agi d'une amie. Si ces bijoux constituaient son dernier bien, qu'allait-il lui arriver ensuite ? Que pouvait donc faire une femme de son âge ?

Son âge ? Là était précisément la question. Nous avions quelques doutes à ce sujet. Selon Kitty, qui était celle qui la connaissait le mieux, elle n'avait pas passé sur terre autant d'années que nous l'avions d'abord supposé. Elle ne semblait pas davantage avoir d'amis ou de relations. Elle ne recevait jamais de courrier, aucun visiteur ne la demandait jamais, aucun colis n'arrivait à son adresse.

Et bien sûr, il y avait ce coffre mystérieux ! Toutes nos conjectures et toutes nos craintes à son égard y trouvaient toujours refuge et consolation. Il devait bien contenir quelque chose. C'était notre espoir, l'Ultime Thulé de notre imagination – le glaive avec lequel trancher le nœud gordien de notre perplexité.

— Vous pouvez m'en croire, fit remarquer Harry, ce coffre contient de l'argenterie – tu te souviens du poids qu'il pesait. À moins qu'il ne s'agisse de diamants d'une grande valeur et en plus grand nombre que ceux que j'ai vendus il y a peu.

Nos spéculations au sujet de son âge subirent un coup d'arrêt lors du recensement suivant. Armée de l'impressionnant questionnaire officiel, je frappai délicatement à la porte de la pièce où elle recevait.

— Entrez, répondit la voix lente, pesante et mesurée.

J'obéis et lui expliquai la raison de ma démarche.

— Je vous laisse le document ? suggérai-je.

— C'est qu'il se pourrait que... commença-t-elle comme si elle pensait tout haut, puis elle s'interrompit soudain en se souvenant qu'elle n'était plus seule.

Elle tourna les yeux vers moi – de singuliers yeux gris, qui semblaient n'avoir jamais connu ni le sommeil ni les larmes – avant d'ajouter :

— Auriez-vous la bonté de remplir ces formulaires pour moi ?

— Votre nom ? l'interrogeai-je en trempant ma plume dans l'encre.

— Quel est le vôtre ? répliqua-t-elle.

— Mary Herbert.

— Dans ce cas, écrivez *Martha Herbert*, cela fera bien l'affaire.

Je la dévisageai avec curiosité.

— Vous savez que vous risquez une amende ?

— Oui, mais le nom n'a pas beaucoup d'importance, le nom d'une femme seule. Je vous ai donné un nom. Voulez-vous bien l'inscrire ?

Je n'ajoutai rien et remplis le document comme elle me l'avait indiqué. Mais le patronyme était de toute évidence faux.

— Votre âge ?

— Vingt-huit ans.

La plume me glissa des mains à cette réponse. Vingt-huit ans ? Je relevai prestement les yeux.

— Si, répliqua-t-elle en croisant mon regard et sans changer de ton, c'est la pure vérité. Vous êtes surprise ? Je suppose que ces cheveux gris me donnent une allure de vieille femme.

— Je peux à peine croire, chère madame, que vous ne vous trompiez pas, tentai-je d'avancer.

— Peut-être vous ai-je donné des raisons de douter de moi, mais ma réponse à votre question sur mon âge est parfaitement sincère. Je n'ai que vingt-huit ans – juste vingt-huit ans.

Juste ciel ! pensai-je, quels aléas de l'existence ont donc pu vous donner des cheveux aussi gris, un visage aussi ridé, et transformer un être de chair et de sang en statue de pierre ? – au point que vous vous êtes cloîtrée dans une telle solitude, que vous avez évité notre compagnie et repoussé toutes nos tentatives d'amitié ? Tant de refus de sa part à toutes nos propositions avaient fini par nous faire croire qu'elle devait être linguiste, musicienne ou artiste, tandis qu'elle demeurait là assise des journées durant sur son coffre, procédant à l'entretien de ses mains ou, au mieux, reprisant ses draps élimés.

J'appris plus tard grâce au recensement qu'elle était née à Hanover Square, dans la paroisse St-George, et qu'elle était veuve. Harry et moi parlions d'elle sans arrêt. Nous savions que, malgré la frugalité de ses besoins, elle avait dépensé tout l'argent que lui avaient rapporté ses bijoux. Depuis deux semaines, elle ne payait plus son loyer et n'avait plus commandé de nourriture. Nous ne savions que faire. Fallait-il lui en parler et, dans ce cas, quelle solution lui proposer ?

C'était un lundi matin, nous déjeunions lorsque Kitty fit irruption dans la pièce pour nous annoncer que la dame d'en haut venait d'avoir une attaque. Je me précipitai à mon tour après avoir demandé à Harry d'aller quérir un médecin. La servante avait dit vrai. L'attaque n'était pas fatale, mais la pauvre femme resta inconsciente durant plusieurs jours. Quand elle reprit ses esprits, il nous fut évident qu'elle s'éteignait rapidement. Le médecin lui-même nous informa qu'il ne lui restait plus que quelques heures à vivre. Il n'y avait pas d'amis à prévenir, et je tentai en vain de la persuader de faire venir un clergyman, qui l'amènerait à avouer sa religion ou du moins reconnaître un lien éventuel avec quelque Église ou secte que ce fût. Je n'avais quitté son chevet ni de jour ni de nuit depuis sa maladie. Finalement, après être restée tranquille un moment, sa main dans la mienne, elle murmura :

— Ouvrez ma valise et prenez-y le livre.

Je saisis la clef qu'elle me tendait et, lui obéissant, lui rapportai un banal livre de comptes relié, le seul que j'eus trouvé.

— Vous avez été bonne avec moi. Vous avez même paru me porter quelque intérêt. J'ai voulu faire de vous mon amie. Mais les secrets de ma vie sont tels que je n'ai jamais pu les confier à personne. Je les ai transcrits ici à votre intention. Promettez-moi de ne pas ouvrir ce livre avant que je ne sois morte.

Je lui donnai ma parole et, accédant à sa requête, glissai l'ouvrage dans ma poche.

— Mes cheveux gris, mon visage ridé, mes vingt-huit ans – vous comprendrez tout. Mais éprouverez-vous pour moi de la compassion ?

Elle sombrait rapidement, comme le soleil au couchant, et je la pressai à nouveau d'accepter que je lui lise dans ma bible les paroles mêmes de Celui dont le pardon et la pitié lui seraient plus utiles que les miens.

Elle acquiesça. Je lui faisais depuis un moment la lecture, supposant que ces mots la réconfortaient, lorsqu'elle s'écria soudain, le regard plein d'effroi :

— Regardez ! regardez ! regardez !

Elles désignait du doigt et de son bras drapé de blanc le coffre cerclé de métal.

— Regardez ! regardez ! regardez !

Et, dans un râle, la pauvre femme s'effondra sur sa couche. Son combat s'acheva bientôt et tout devint calme.

« Regardez ! regardez ! regardez ! » Mais qu'avait-elle donc vu ? Quelle vision l'avait frappée ? Quelle conscience ou quel délire avaient soudain surgi sous ses yeux ? Je ne sais. Je ne distinguais que le grand coffre sombre à l'endroit où il s'était toujours trouvé – d'apparence anodine et encombrant.

Notre état de fatigue était tel que nous ne fûmes pas fâchés de nous coucher de bonne heure. Je ne sais pas combien de temps Harry et moi avions dormi lorsque nous fûmes saisis par un bruit violent en provenance de l'étage supérieur. Harry se leva brusquement et s'empara de la veilleuse. Je songeai qu'il devait s'agir du couvercle du coffre que l'on avait violemment claqué, et qu'il y avait des voleurs dans la maison, et je suivis mon époux, de crainte que se présentât pour lui quelque danger, même s'il était illusoire qu'une faible femme en tenue de nuit comme moi pût lui offrir la moindre protection. Dans les instants de frayeur subite, nous ne nous cantonnons pas à la raison mais agissons de manière impulsive. Un moment plus tard, nous nous tenions au milieu de la double chambre du dessus. Il n'y avait personne à part la morte. Le grand coffre était comme je l'avais vu la dernière fois. J'essayai le cadenas : il était verrouillé. Nous appelâmes Kitty avant de fouiller la maison : targettes, serrures et verrous étaient tous intacts. Nous commençâmes à nous persuader qu'il était absurde de supposer que des voleurs, même s'ils étaient entrés, auraient claqué un couvercle ou fait assez de bruit pour réveiller la maisonnée. Cette nuit-là, nous ne pûmes nous rendormir. Nous nous habillâmes, nous assîmes, puis Kitty alluma les lumières, prépara du thé et partagea notre déraison. En vérité, nous étions tous épuisés, et nos nerfs étaient ébranlés. Quant au bruit, c'était sans doute un de ces sons mystérieux que l'on ne prend pas en compte, mais que l'on classe parmi les « phénomènes inconnus » même pour l'esprit inquisiteur d'un Timbs.

Au matin, comme il l'avait promis, le médecin demanda à nous voir et, en sa compagnie et celle de Kitty au titre de témoins, nous décidâmes d'ouvrir le coffre, afin de soulager nos esprits des questions que nous nous posions sur son contenu. Il pouvait s'y trouver des objets personnels – en fait nous n'en doutions pas – et peut-être des traces de liens familiaux ou d'amis avec lesquels nous aurions à communiquer.

Nous tournâmes la clef ; le couvercle fut levé. Un vieux dessus de lit, jauni et décoloré, était drapé sur le contenu. Comme nous essayions de l'ôter, il s'effrita en fragments dans nos mains, dévoilant – juste ciel ! – une vision effroyablement inédite pour nous. Kitty poussa un cri perçant ; je faillis m'évanouir et Harry dut me prendre dans ses bras. Le docteur lui-même pâlit et recula de quelques pas. Là gisaient, sous les débris de l'ancienne couverture, les restes d'un homme. À peine plus qu'un squelette, à peine plus qu'un petit tas de loques et de poussière moisie, restes épars au milieu desquels se trouvaient une montre de prix avec sa chaîne, un assortiment de boutons et une bague de diamant de haute valeur – des breloques dont la valeur aurait mis la dame qui reposait là, morte, à l'abri pour deux ou trois ans.

Qui était-ce ? Et pour quel motif son corps se trouvait-il pareillement enfermé ? S'agissait-il des restes d'un époux dont, comme la reine Jeanne, cette femme n'avait pu se séparer ? Ou du corps d'un homme assassiné – quelque amant coupable ? À moins que ce ne fût une épouse jalouse, écartée de son chemin et dissimulée au prix d'une surveillance perpétuelle ? Telle était donc la raison du très curieux comportement d'une femme ayant longtemps abrité sous notre toit une aussi effroyable compagnie.

Je me rappelai le livre et, glissant ma main dans ma poche, l'en extirpai. Tout au long de son agonie, en raison aussi du chagrin et de la fatigue que nous avions éprouvés pendant la folle alarme de la nuit qui avait suivi, je l'avais oublié. Fermer le couvercle sur l'affreux spectacle, faire tourner la clef dans la serrure et verrouiller également la porte de la pièce ne me prirent qu'un instant. Nous nous réunîmes ensuite dans notre petit salon pour apprendre enfin la terrible vérité que Harry nous lut, et que je retranscris ici.

CONTENU DU VOLUME RELIÉ

Je ne sais si je suis folle ou saine d'esprit. Je ne sais pas si j'étais folle quand j'ai commis cela. Il y a toujours eu de la démence dans notre famille. Ma mère est morte folle à lier. Mon grand-père, le vieux comte, était un fou méthodique, et on le soumit à un internement déguisé dans la demeure ancestrale, de façon que le monde ne puisse rien en savoir. Mais le bruit s'en répandit à l'extérieur, comme cela arrive généralement avec les choses que l'on dissimule, et ce fut de façon exagérée. Si je suis folle, je ne suis pas coupable et ne peux donc pas être jugée. Mais si je suis saine d'esprit, j'aurai expié par une longue peine perpétuelle, par une cruelle et horrible torture. Vivre chacun de mes jours dans une maison convertie en mausolée ; être condamnée à m'asseoir sur un cercueil jamais inhumé ; être partout embarrassée d'un colocataire qui aurait dû se trouver dans sa tombe ; cohabiter avec la mort ; prendre mes repas avec un squelette pour commensal ; me saisir de ma nourriture d'une main ensanglantée et voir sous un ciel rouge sang – voilà ce qu'aura été mon châtiment. Je ne vois jamais ni ciel bleu ni horizon gris. Tout est recouvert d'une brume de sang, comme si je percevais le monde au travers de lunettes couleur de flamme. Et pourtant je n'ai jamais fait couler de sang – oh, non, je n'ai rien fait de tel !

J'éprouve une réelle amitié pour cette femme et j'aimerais tant lui parler ; mais je ne peux pas lui divulguer mon secret. Elle semble aimer son mari, mais sans doute pas autant que j'aimais le mien. Autant que je l'aimais ? Autant que je l'aime – passionnément, sauvagement, craintivement, follement, tant et tant que je ne puis plus quitter son cercueil des yeux ; tellement que je me lève dans l'obscurité et le silence de la nuit pour embrasser le bois glacé ; et je sens ma passion et mes remords me ronger le cœur. Je suis incapable de pleurer. Je ne puis verser une seule larme, comme je n'en ai jamais versé alors. Ma douleur reste froide et sans larmes, comme ma rage fut froide et sans larmes et mon bonheur lui aussi froid et sans larmes lorsqu'il vivait. À l'extérieur, seulement à l'extérieur. Car au fond de moi, j'étais et suis encore un volcan humain, et le feu consume mon cœur et mon esprit, embrase mes sens, tout mon être, lentement, si lentement – mon Dieu, si lentement ! Tel est mon châtiment !

J'étais une belle jeune femme, douée de talents hors du commun. Je réussissais tout ce que j'entreprenais. J'ai étudié l'astrologie et établi mon thème astral. C'est à cette occasion que j'entrevis la malédiction, sans le savoir. Si nous pouvions vraiment connaître le futur, de quelle utilité cela nous serait-il ? Devrions-nous être avertis, conseillés, guidés ? Non ! La malédiction est ce qu'elle est, et nous ne pouvons éviter d'y succomber aveuglément.

J'excellais dans toutes mes réalisations. Je n'avais que quinze ans à peine, je vivais retirée dans une maison à la campagne avec ma gouvernante, lorsque je rencontrai mon futur époux. J'étais en train de croquer au fusain le tronc d'un arbre dans un bosquet, lorsqu'il apparut accompagné d'un chien, une arme à la main. Nos yeux se croisèrent dans un éclat de lumière et nous tombâmes amoureux l'un de l'autre. Il était si beau qu'un païen l'aurait pris pour une divinité descendue des nues. Il avait une chevelure brillante, fournie et ondulée, qui dominait des yeux d'un bleu céleste et un teint plus délicat encore que le mien. Sa voix était douce, chaude et virile. Il avait voyagé et était aussi cultivé que moi. Je ne m'en aperçus évidemment pas au premier regard. Car nous nous aimâmes dès que nos yeux se rencontrèrent. Ce n'est qu'ensuite que nous fûmes poussés à nous parler. Nous revînmes vers la maison pour nous entretenir avec mon chaperon – une rencontre qui eut pour résultat qu'il se mit en quête de mon père, retenu à Londres par ses devoirs parlementaires. Aucun parent n'aurait pu résister à un soupirant aussi exceptionnel que Lionel. Un obstacle en revanche se dressait de son côté, car son propre père, Lord *** – je ne vais révéler aucun nom, pas même à celle que je considère comme mon amie, afin de préserver la réputation de ceux qui ont été si involontairement impliqués, emportant seule ma honte et mon crime dans la tombe –, Lord *** donc, refusa d'entériner l'union de son fils avec la fille d'un malade des nerfs et la petite-fille d'un idiot.

Mais Lionel et moi étions fous d'amour. Nous étions alors inséparables. Nous prîmes la fuite, nous mariâmes et partîmes pour le continent afin d'éviter la réprobation, voire l'intervention, de parents furieux.

Après que j'eus pris la décision de fuir, je regardai autour de moi, à la recherche d'un bagage où je pourrais rassembler les quelques vêtements que j'avais l'intention d'emporter. Dans la remise, je remarquai le vieux coffre destiné à jouer un rôle abominable dans ma lamentable histoire. Je devais rassembler ce dont j'avais besoin sans me faire remarquer. Dans le silence de la nuit, alors que tout dormait, je fis lever le jeune valet qui couchait à l'étable, lui offris une belle prime en or, jaune et brillante sous la lumière de la lampe que je tenais, afin qu'il harnache les chevaux et nous mène, moi et mon coffre défraîchi, à l'endroit où Lionel nous attendait. Le cocher, un vieux serviteur de la famille, aurait refusé de conduire sa jeune maîtresse vers un destin aussi douteux. Mais Sam était à un âge où de telles actions éveillent la sympathie du cœur. C'est pourquoi il s'empara de sa récompense. Mon coffre et moi fûmes transportés à la hâte loin de notre maison.

Lorsque nous fûmes lassés des voyages, nous revînmes en Angleterre et louâmes une petite maison – un simple cottage – non loin de Broadstairs où, comme nous le pensions, nous ne courions guère le risque d'être vus par quiconque nous connaissait. Mon époux, qui adorait les baignades, se rendait sur la côte chaque matin, tandis que, assise dans le jardin, j'attendais son retour.

Nous n'étions pas à Broadstairs depuis longtemps lorsque je m'imaginai que son comportement avait changé. J'étais sûre que quelque secret hantait son esprit et je me rendis également compte que, bien qu'il continuât à fréquenter la plage, il avait cessé de se baigner. Seule avec mes pensées obsédantes, je laissai croître en moi un sentiment de jalousie et résolus de l'espionner. C'est ainsi qu'un jour, au lieu de rester à la maison, je me hâtai le long d'un chemin détourné jusqu'à un endroit de l'esplanade qui surplombait la plage. Je dirigeai mon regard vers le bas et surpris Lionel cheminant en compagnie d'une jeune femme qui devait avoir mon âge. Au bout d'un moment, ils quittèrent le rivage, reprenant le chemin de notre maison. Ils étaient trop préoccupés pour remarquer qu'ils étaient suivis et ils s'assirent pour parler sur un petit banc tranquille près d'un champ de blé, où je me dissimulai moi-même parmi les épis. Je n'étais pas assez près pour entendre les paroles de Lionel, auxquelles sa compagne prêtait l'oreille avec sérieux, ni celles de la jeune femme, auxquelles il paraissait suspendu avec un vif intérêt. Je remarquai qu'il lui tenait la main avec tendresse, qu'il tortillait ses boucles sous ses doigts, et je le vis l'embrasser alors qu'ils se séparaient. Jour après jour, ils recommencèrent ce manège, et je les observais sans jamais me manifester. Elle ne passait chaque fois que quelques minutes en sa compagnie, comme si elle craignait que ses amis ne s'inquiètent. Mais n'était-ce pas déjà trop ? N'était-ce pas un spectacle infiniment pénible pour une jeune épouse amoureuse ?

Un beau matin, je remarquai qu'un bouquet de fleurs fraîchement cueillies se dressait sur le secrétaire où mon époux venait d'écrire un billet. Pleine de soupçon, je détournai son regard vers un autre angle de la pièce et d'un œil rapide déchiffrai les mots griffonnés : *« Je te retrouverai sur la plage au coucher du soleil et, si tes projets sont réalisables, nous quitterons Broadstairs demain. »* Il revint à son bureau, plia le billet et sortit en l'emportant avec les fleurs. Comment aurais-je pu penser qu'il n'allait pas dissimuler le message dans le bouquet, et comment douter de l'identité de la destinataire ? Ne connaissais-je pas à présent la sirène aux cheveux d'or et au visage enfantin qui l'avait ensorcelé ?

Je passai toute la matinée à la maison, triste proie de l'amour, de la jalousie et de l'amertume. Je devais coûte que coûte les empêcher de se rencontrer au crépuscule. Allais-je l'accuser de perfidie, le réprimander, le supplier ? Allais-je l'emporter, ou ne courais-je pas au contraire à l'échec ? Non, mille fois non ! Comme l'heure du déjeuner approchait, une idée folle, vile et mauvaise s'empara de mon pauvre esprit. Je n'étais plus moi-même en cet instant. Je sais, maintenant, que j'étais folle. J'eus un rire atroce, me rappelant la petite bouteille de laudanum[1] qui se trouvait sur la tablette de la cheminée de mon cabinet de toilette. J'allai la chercher et la vidai dans la carafe de vin. Lionel buvait du vin, moi pas. Après le déjeuner, il s'endormit. On apporta le café. Son assoupissement continuait. C'était exactement ce que je désirais. Je restais assise à l'observer. Les heures s'écoulaient lentement. J'envoyai les serviteurs au lit et la maison devint paisible. Il était tard. Les chandelles – nous n'avions pas le gaz – se consumaient lentement. Il continuait à dormir profondément. Une heure sonna, puis deux, puis trois. Il fit à nouveau plein jour. Je relevai les stores, mais j'étais inquiète et angoissée. La lumière du jour pénétra à l'intérieur, mais elle éclairait à présent le visage sans vie de mon époux... Lionel était mort ! Je me laissai glisser à ses pieds ; je tentai de prier, mais demeurai agenouillée, incapable de parler, incapable de penser. Assurément, je voguais en pleine folie – soigneusement, scrupuleusement, incroyablement folle. Que le ciel m'en soit témoin, j'avais seulement pensé provoquer un sommeil qui empêcherait le rendez-vous et éviter ainsi une explication si amèrement humiliante, si orageuse, ayant l'aspect de ces nuages qui se rassemblaient.

Je restais agenouillée devant mon époux défunt, secouée d'un rire incoercible. Mais je ne prenais nulle part à ce rire. C'était comme si la voix de quelque

1. Solution d'opium utilisée à cette époque pour soulager la douleur. (*NdT*)

étrange esprit s'exprimait par mes lèvres et résonnait curieusement à mon oreille. Soudain, j'entendis descendre nos serviteurs. J'étais seule avec lui... Ils diraient que je l'avais tué ! La jolie fille aux cheveux d'or et au visage d'enfant assisterait à ma mort sur l'échafaud. Comment je trouvai la force d'accomplir cette terrible tâche, je ne saurais le dire, mais je pris Lionel dans mes bras et le transportai dans notre chambre à coucher, qui se trouvait juste à côté ; j'ouvris les fenêtres de la salle à manger qui donnaient sur le jardin, et ensuite je nous enfermai à double tour, moi et la victime de mon forfait. Je l'étendis sur le sol à côté du grand coffre et m'agenouillai près de lui.

Une idée surgit alors dans mon esprit. J'ouvris le coffre et j'en ôtai mes vêtements dont je fis un ballot. Il y avait dans la chambre un petit placard que j'avais eu l'occasion d'ouvrir une fois et où j'avais remarqué, parmi d'autres accessoires domestiques, un vieux dessus de lit. Je l'en sortis et en recouvris Lionel puis, avec la même étrange vigueur, je l'introduisis dans le coffre. Il n'y avait pas longtemps qu'il était mort, aussi ses membres n'étaient-ils pas encore raides, et je pus le faire tenir dans l'espace prévu. Je refermai le coffre et m'habillai, puis me rendis à la salle du petit déjeuner. Il y avait sur la table une lettre, contenue dans une petite enveloppe rose et écrite d'une main enfantine. Alors que mes yeux s'y posaient, ma jalousie et ma colère se ranimèrent. Je me sentais satisfaite de la mort de Lionel. M'emparant du billet envoyé par la fille aux cheveux d'or et au visage rose, je le déchirai et lus ces mots : *« Cher Lionel »* Cher Lionel ! Hé oui, c'était bien cela qui était écrit à l'encre parfumée sur un papier rose.

Cher Lionel,

J'ai plaidé ta cause auprès de père et de mère, mais je n'ai pas été capable de les faire changer d'avis. Comme ils pensent que je dois t'avoir rencontré ici, ils ont donné l'ordre à notre gouvernante de nous ramener tous à la maison demain par le premier train. Mais je ne désespère pas, parce que si je ne peux rien faire pour le moment, je parviendrai bien un jour à vous réconcilier. Je crains bien de ne pouvoir t'écrire mais, dans le silence et dans l'absence, ne doute pas que je suis, et demeurerai toujours,

Ta sœur affectionnée,
Edith.

Sa sœur ! Ah ! y eut-il jamais drame aussi terrible ? Il devait s'agir de sa sœur préférée, Edith, dont il m'avait si souvent parlé mais qui m'était restée inconnue. Hélas ! Pour quelle absurde raison avait-il gardé secrètes leurs rencontres ? Mais n'était-ce pas évident ? Pouvait-il m'exposer à la mortification de savoir qu'elle plaidait auprès de sa famille afin que je sois acceptée, et qu'il était forcé de rencontrer sa sœur bien-aimée en cachette parce qu'il m'avait choisie pour femme ?

Lionel était mort. Je ne parvenais pas à me persuader de cette réalité. La terreur alors m'envahit. Je devais m'enfuir et dissimuler mon acte. À vingt miles de chez moi, une maison solitaire se dressait au milieu d'un bois. On la disait hantée, et personne, parmi les gens simples de la campagne, n'osait l'approcher, encore moins l'occuper. J'écrivis au propriétaire sous un faux nom et lui demandai de me la céder et de m'autoriser à en prendre immédiatement possession, disant que j'étais soucieuse de me procurer une bonne maison pour une somme modeste qu'il serait certainement heureux d'accepter. J'aurais donné n'importe quel prix pour cette demeure, mais je préférais lui donner une raison plausible, pas la vraie. Mon offre fut acceptée par retour de courrier.

Entre-temps, j'avais dit à nos deux domestiques que leur maître était parti de bonne heure pour la ville, où il désirait que je le suive, parce que nous avions décidé subitement d'entreprendre un long voyage. J'avais réglé toutes nos dettes lorsque me parvint la lettre du propriétaire. Je me hâtai de me rendre à Londres où je me défis de notre argenterie de valeur et de tout ce que je possédais, excepté un peu de linge, quelques bijoux et l'horrible sarcophage, désormais ma perpétuelle condamnation. J'étais pressée de gagner ma nouvelle demeure, parce que je savais qu'un retard d'un jour ou deux aurait provoqué la découverte de mon forfait. Mon itinéraire fut volontairement détourné et interrompu, de façon à déjouer toute tentative pour retrouver ma trace, bien que l'interdit lancé par sa famille à mon encontre rendît cela fort peu probable.

Le coffre fut installé dans une grande pièce – une sorte de grenier – située en haut de la maison. Après quelques aménagements opérés par trois femmes que j'avais convaincues de venir dans la maison hantée tant qu'il faisait jour, on me laissa seule. La présence du grand coffre placé dans le grenier ne suscita aucun soupçon. On s'imagina qu'il contenait des livres.

C'est là que, sans aucune domestique, sans la présence d'âme qui vive, j'ai vécu de nombreuses années, jusqu'au jour où, à la mort du vieux propriétaire, le nouveau maître des lieux décida de faire raser la maison. J'errai alors de lieu en lieu avec mon coffre, femme hantée et sans repos qui se demandait éternellement : « Suis-je vraiment folle ou encore saine d'esprit ? »

J'ai rédigé la plus grande part de mon récit dans ce pauvre cottage de Hampstead, avec l'espoir de le confier un jour à quelque personne compatissante, mais le fait de ressasser les détails de ma vie a fait naître dans mon esprit un horrible soupçon, bien plus atroce encore que tout ce qui est survenu auparavant, un soupçon dont l'épure, lorsqu'elle se dessina soudain devant moi, me jeta dans cette prison délirante qui désormais enferma la vie pénible de celle qui ne veut ni ne souhaite mourir – de celle qui désire seulement continuer à vivre sa vie indécise, le regard éternellement posé sur un sarcophage. Cette idée, cette certitude si terrible dans sa nature même est que Lionel n'était pas encore mort lorsque je l'ai placé dans le coffre. Lionel était sous l'influence d'un narcotique, mais il vivait. Lionel – mon amour, mon époux – a été enseveli vivant dans sa tombe et asphyxié des mains mêmes de sa belle et démente épouse. La jeune femme d'à peine seize étés avait enfermé côte à côte sa vie et le secret de son crime, avant de devenir, désormais insensible, la surveillante à vie de celui qu'elle avait condamné à mort. Laissez-la donc mourir à son tour !

A Life-Watch
Traduit par Alain de Gueldre

UN SAC NOIR SUR LE SEUIL

Catherine Louisa Pirkis

— C'est assurément une grosse affaire, déclara Loveday Brooke à l'adresse d'Ebenezer Dyer, le patron de l'agence de détectives bien connue de Lynch Court, dans Fleet Street. Lady Cathrow a perdu, si je peux me fier aux comptes rendus des journaux, pour trente mille livres de bijoux.

— Oh ! les journaux sont plutôt fiables ces temps-ci. Mais ce vol diffère sous de nombreux aspects des méthodes habituelles de cambriolage des résidences de campagne. Le moment choisi, naturellement, a été le dîner, alors que la famille et les invités étaient à table et que les domestiques, qui n'étaient pas de service, se délassaient dans leurs chambres. Le fait qu'on fût la veille de Noël avait comme il se doit ajouté aux occupations et, par conséquent, à la distraction de toute la maisonnée. Dans ce cas-là cependant, la violation du domicile ne s'est pas effectuée de la façon coutumière, grâce à une échelle dressée jusqu'à la fenêtre du cabinet de toilette, mais par la fenêtre d'une pièce du rez-de-chaussée – une petite pièce avec une fenêtre et deux portes, l'une qui ouvre sur le hall et l'autre sur un couloir qui conduit par l'escalier de service jusqu'à l'étage des chambres. Elle sert, je crois, de débarras pour les chapeaux et les manteaux des messieurs de la demeure.

— Je suppose donc que c'était le point faible de la maison ?

— Tout à fait exact ! Un point très faible, en vérité. Craigen Court, la résidence de Sir George et de Lady Cathrow, est une vieille bâtisse construite de façon bizarre, qui s'avance en saillies dans tous les sens, et comme cette fenêtre de verre teinté donne sur un mur aveugle, elle est condamnée par un solide verrou de cuivre, et on ne l'ouvre jamais, que ce soit de jour ou de nuit. La ventilation y est assurée par un volet d'aération en verre fixé sur le cadre supérieur. Il peut paraître absurde de penser que cette fenêtre, qui se trouve à peine à quatre pieds du sol, ne disposait ni de barres de fer ni de volets. C'est pourtant le cas. La nuit du cambriolage, quelqu'un de l'intérieur a dû délibérément déverrouiller sa seule protection, le verrou de cuivre, et a donc offert aux voleurs un accès aisé à la maison.

— J'en déduis que vos soupçons se portent sur les domestiques ?

— Indubitablement ! Et c'est donc dans l'office des domestiques que vos services seront requis. Les voleurs, quels qu'ils soient, étaient parfaitement au courant des issues de la maison. Les bijoux de Lady Cathrow étaient conservés dans un coffre de son cabinet de toilette. Comme cette pièce se trouve juste au-dessus de la salle à manger, Sir George avait l'habitude de dire que c'était la *place* la plus *forte* de sa maison. – je vous prie de noter ce jeu de mots : Sir George en est très fier. Suivant ses instructions, la fenêtre de la salle à manger restait toujours déverrouillée et les rideaux ouverts durant le dîner, de sorte qu'un plein aplat de lumière tombait sur la terrasse extérieure et qu'il était de ce fait impossible à quiconque d'y dresser une échelle sans être vu.

— Les journaux disent que Sir George avait l'invariable habitude de donner, à la veille de Noël, de grands dîners qui remplissaient littéralement sa demeure.

— C'est vrai ! Sir George et Lady Cathrow sont des gens âgés. Ils n'ont plus de famille et fort peu de proches. Par conséquent, ils consacrent une bonne part de leur temps à leurs amis.

— Et je suppose que la clef du coffre était fréquemment confiée à la femme de chambre de Lady Cathrow ?

— Oui ! C'est une jeune Française. Elle s'appelle Stéphanie Delcroix. Elle a pour fonction de remettre de l'ordre dans le cabinet de toilette dès que sa maîtresse le quitte, c'est-à-dire de mettre à l'abri les bijoux qui pourraient traîner, de fermer le coffre et d'en conserver la clef jusqu'au moment où sa maîtresse va se coucher. Or, la nuit du cambriolage, elle reconnaît qu'après le départ de sa maîtresse, au lieu d'agir de la sorte, elle s'est immédiatement précipitée jusqu'à la loge du concierge pour voir si des lettres étaient arrivées pour elle. Et elle est restée à bavarder un bon moment avec les autres domestiques. Elle ne parvient pas à préciser combien de temps. Ses lettres lui arrivent généralement vers sept heures et demie. De Saint-Omer, d'où elle est originaire.

— Oh ! Alors elle avait sûrement l'habitude de courir s'enquérir ainsi de son courrier. Les voleurs, qui paraissent avoir parfaitement bien connu les usages de la maison, devaient savoir cela aussi.

— Peut-être ! Mais pour le moment je dois vous avouer que les choses se présentent de façon bien sombre pour elle. Même son comportement, quand on l'interroge, n'est pas de nature à dissiper les soupçons. Elle passe d'une crise de nerfs à l'autre ; elle se contredit presque chaque fois qu'elle ouvre la bouche. Ensuite, elle met tout cela sur le compte de sa méconnaissance de notre langue. Elle éclate en un français volubile, elle prend des attitudes théâtrales, puis elle retombe à nouveau dans une véritable hystérie.

— Ma foi, tout cela est terriblement français, vous savez ! répondit Loveday. Mais est-ce que les autorités de Scotland Yard ont prêté assez d'attention au fait que le coffre avait été laissé ouvert ce soir-là ?

— Bien sûr, et ils ont entamé une enquête approfondie sur les éventuels amants de la jeune femme. C'est pour cela qu'ils ont envoyé Bates au village afin qu'il glane le plus grand nombre de renseignements possible en dehors de la maison. Mais ils voudraient avoir quelqu'un à l'intérieur qui pourrait être à tu et à toi avec les servantes en général, de façon à découvrir si elle a pris l'une d'entre elles pour confidente de ses amours. C'est pour cela qu'ils se sont adressés à moi, pour savoir si je pourrais envoyer à cet effet l'une de mes enquêtrices les plus perspicaces et les plus clairvoyantes. Et donc, à mon tour, c'est à vous que je m'adresse, chère Miss Brooke. Vous pouvez prendre cela pour un compliment si vous le désirez. Maintenant, sortez votre carnet de notes. Je vais vous donner vos instructions en ce qui concerne cette mission.

Loveday Brooke, à cette époque de sa carrière, avait un peu plus de trente ans. On ne saurait mieux la dépeindre que par une série de négations.

Elle n'était pas grande, mais pas petite non plus. Elle n'était de complexion ni brune ni blonde. Elle n'était ni jolie ni vilaine. De même pour sa physionomie, que l'on ne saurait décrire. Le seul trait notable chez elle était cette habitude qu'elle avait, quand elle était absorbée dans ses pensées, de laisser s'affaisser ses paupières sur ses yeux jusqu'à ce qu'on n'aperçoive plus de sa pupille qu'un trait fin. Elle semblait ainsi observer le monde non pas au travers d'une fenêtre, mais d'un simple interstice.

Elle était invariablement vêtue de noir, et son attitude élégamment collet monté avait quelque chose de puritain.

Cinq ou six ans plus tôt, Loveday s'était retrouvée, par un retour de fortune, confrontée à une existence sans argent et sans amis. Elle avait découvert qu'elle n'avait aucun talent particulier, et c'est pourquoi elle avait sur-le-champ défié les conventions en choisissant une profession qui l'avait définitivement coupée de ses anciennes relations et de la position qu'elle avait occupée dans la bonne société. Pendant quelque six années, elle avait patiemment œuvré dans les aspects les plus modestes de sa profession. Le hasard ensuite ou, pour être plus précis, une affaire criminelle compliquée, lui avait fait rencontrer le patron expérimenté de la florissante agence de détectives de Lynch Court. Celui-ci avait très rapidement compris de quelle bois elle était faite et l'avait dirigée vers des missions de meilleur aloi – des enquêtes, en réalité, qui leur avaient rapportées, à lui et à Loveday, une notable amélioration et de leurs revenus, et de leur réputation.

En règle générale, Ebenezer Dyer n'était pas un homme enclin à l'enthousiasme, mais il avait parfois des élans d'éloquence lorsqu'il s'agissait des qualités de Miss Brooke dans la profession qu'elle s'était choisie.

— C'est bien trop pour une lady, disiez-vous ? répliquait-il à quiconque se hasardait à remettre en question lesdites qualités. Peu m'importe qu'elle soit ou non une lady. Tout ce que je sais, c'est que c'est la femme la plus méthodique et la plus raisonnable que j'aie jamais connue. D'abord, elle possède la faculté – si rare chez les femmes – d'appliquer des instructions à la lettre ; ensuite, elle a un cerveau bien ordonné et perspicace, qui n'est en rien encombré par les théories pures et dures ; enfin, et c'est le point le plus important, elle a tellement de bon sens qu'elle en frôle le génie, parfaitement, monsieur, le génie.

Cependant, si en règle générale ils travaillaient ensemble sur un pied d'égalité, de manière amicale et détendue, il leur arrivait en certaines occasions d'avoir tendance, si l'on peut dire, à s'affronter.

Et tel était le cas cette fois.

Loveday ne manifesta donc aucune intention de saisir son carnet de notes et de recevoir ses « ordres de marche »

— J'aimerais savoir, déclara-t-elle, si ce que l'on dit dans le journal est authentique – à savoir que les cambrioleurs, avant de s'en aller, ont pris la peine de fermer la porte du coffre et d'y inscrire à la craie : À LOUER NON MEUBLÉ ?

— C'est parfaitement exact, mais je ne crois pas que ce détail mérite d'être pris en compte. Les malandrins procèdent souvent de la sorte par insolence ou par bravade. Lors du cambriolage de Reigate, l'autre jour, ils se sont approchés du petit secrétaire de la dame, y ont subtilisé un feuillet de son carnet et y ont porté leurs remerciements pour avoir eu la bonté de ne pas avoir fait réparer la serrure de son coffre. Mais maintenant, si vous vouliez bien enfin sortir votre calepin.

— Ne soyez pas si pressé, répliqua Loveday avec calme. J'aimerais savoir si vous avez déjà vu cela ?

Elle se pencha par-dessus le bureau autour duquel ils étaient installés et lui tendit une coupure de journal qu'elle venait de sortir de son porte-documents.

Mr Dyer était un homme de haute taille, puissamment bâti, avec une grande tête dégarnie, au front bienveillant, et un sourire engageant. Ce sourire, en réalité, se révélait bien souvent un piège dressé pour les imprudents, car il était d'un caractère si irritable qu'il suffisait qu'un enfant hasardât un simple mot malencontreux pour le hérisser. Le sourire aimable s'effaça tandis qu'il enlevait la coupure de journal de la main de Loveday.

— J'aimerais que vous vous rappeliez, Miss Brooke, lui fit-il sur un ton sévère, que même si j'ai coutume de faire montre de diligence dans mes affaires, je ne saurais être soupçonné de jamais me précipiter. Je considère la précipitation dans le travail comme la marque particulière des gens négligents et peu soucieux de ponctualité.

Alors seulement, comme s'il avait poussé plus avant encore la contradiction à l'encontre de ses paroles à elle, il déplia avec une véritable insolence calculée la feuille de papier et, lentement, accentuant chaque mot et chaque syllabe, il lut ce qui suit :

UNE SINGULIÈRE DÉCOUVERTE

Un bagage de cuir noir, une sorte de malle, a été découvert tôt hier matin par l'un des porteurs de journaux de chez Smith's sur le seuil d'une demeure habitée par une vieille fille célibataire, située sur la route qui va d'Easterbrook à Wreford. Le sac contenait un col de clergyman et le plastron assorti, un missel, un recueil de sermons, un exemplaire des œuvres complètes de Virgile, un fac-similé de la Grande Charte avec sa traduction, une paire de gants en veau noirs, un peigne et une brosse, quelques journaux et un certain nombre d'objets qui pourraient suggérer que leur propriétaire était un ecclésiastique. Au-dessus, on a retrouvé la lettre suivante, une lettre tout à fait surprenante, écrite au crayon sur une grande feuille de papier :

« Le jour fatal est donc arrivé. Je ne peux plus vivre. Je m'en vais désormais et l'on ne me verra plus. Mais je voudrais que le coroner et le jury soient bien conscients que je suis sain d'esprit et qu'un verdict de démence temporaire constituerait dans mon cas une erreur d'une ampleur considérable après l'annonce de mon décès. Je ne m'inquiète pas de savoir si c'est un véritable suicide, parce que j'ai dépassé le seuil de toute souffrance. Recherchez donc avec diligence mon pauvre corps sans vie dans les environs immédiats – sur la lande glacée, le long des rails ou dans le torrent sous quelque pont éloigné –, car seuls quelques instants décideront de la manière dont je vais m'éloigner. Si j'avais poursuivi ma voie, j'aurais pu devenir une sommité de cette Église dont je ne suis plus à présent qu'un prêtre et un membre dénué de valeur, mais l'affreuse passion du jeu s'est emparée de moi et les paris ont causé ma ruine, comme ils l'ont fait pour des milliers de gens avant moi. Jeunes gens, évitez les bookmakers et les champs de courses comme vous fuiriez le Diable et l'Enfer. Adieu à vous, mes amis de Magdalen. Adieu, et prenez garde. Même si je puis me vanter de fréquenter un duc, un marquis et un évêque, et même si je suis le fils d'une

aristocrate, je ne suis plus désormais, véritablement, qu'un vagabond et un proscrit. Ô douce Mort, je te salue. Je n'ose même pas signer de mon nom. Et à toi, ô ma pauvre marquise de mère, j'envoie le baiser d'un mourant. R. I. P. »

La police et des employés des chemins de fer ont procédé à de diligentes recherches dans le voisinage immédiat de la gare, mais on n'a retrouvé aucun pauvre corps sans vie. Les instances de la police tendent à penser que la lettre n'est qu'une mystification, même si elles poursuivent leur enquête.

De la même façon circonspecte avec laquelle il avait déplié la coupure et pris connaissance de son contenu, Mr Dyer la replia et la rendit à Loveday.

— Puis-je vous demander, ajouta-t-il sur un mode sarcastique, ce que vous trouvez dans cette folle plaisanterie pour nous faire perdre, à vous et à moi, un temps précieux ?

— Je voulais savoir, rétorqua Loveday, si vous avez découvert dans cet article quelque élément qui pourrait d'une façon ou d'une autre être en rapport avec notre cambriolage de Craigen Court ?

Mr Dyer la dévisagea avec une profonde et absolue stupéfaction.

— Quand j'étais encore enfant, continua-t-il sur le même ton sarcastique, j'avais coutume de jouer à un jeu que nous appelions *Devine à quoi je pense ?* L'un de nous pensait à quelque chose de particulièrement absurde – par exemple au faîte d'un monument –, un autre devait hasarder une hypothèse sur ce dont il s'agissait – disons le bout de son soulier gauche –, et le malheureux devait ensuite établir un rapprochement entre le bout du pied gauche et le faîte du monument. Eh bien Miss Brooke, je n'ai absolument pas l'intention de réitérer ce jeu stupide ce soir, ni à votre bénéfice ni au mien.

— Bon, ça va, fit Loveday avec calme. Je pensais que vous auriez aimé en parler, c'est tout. Alors, donnez-moi mon « ordre de marche », comme vous l'appelez, et je ferai en sorte de concentrer toute mon attention sur la petite bonniche française et sur ses divers prétendants.

Mr Dyer redevint alors aimable.

— Oui, c'est le point sur lequel je désire vous voir concentrer toutes vos pensées. Vous feriez bien de partir pour Craigen Court dès demain par le premier train – c'est à environ soixante miles sur la ligne Great Eastern. Vous devrez descendre à la gare de Huxwell. Un des domestiques de Craigen Court viendra vous y prendre pour vous conduire à la propriété. Je me suis arrangé avec la gouvernante, Mrs Williams, une personne discrète et digne de confiance. Vous vous ferez passer dans la maisonnée pour l'une de ses nièces, en quête de repos après de sérieuses études effectuées dans le but de présenter des examens d'institutrice. Comme il se doit, vous êtes censée vous être usée les yeux et la santé en travaillant trop. Cela vous permettra de porter vos lunettes bleues. Votre nom, j'y pense, est Jane Smith. Vous feriez mieux de le noter. Votre mission se cantonnera aux domestiques de la maison, et il ne sera absolument pas nécessaire que vous rencontriez ni Sir George, ni Lady Cathrow. D'ailleurs, aucun des deux n'est au courant des objectifs de votre visite. Moins nombreux nous serons dans la confidence, mieux ce sera. Mais je suis cependant sûr que Bates apprendra par Scotland Yard que vous êtes sur place, et il s'arrangera sûrement pour vous rencontrer.

— Bates a déjà déterré quelque chose d'intéressant ?

— Pas encore. Il a déniché un des petits amis de la fille. Il s'agit d'un jeune fermier du nom de Holt, qui semble être un jeune homme honnête, respectable et au-dessus de tout soupçon. Cette découverte ne semble donc pas d'un grand intérêt.

— Alors, je pense qu'il n'y a plus rien à ajouter, conclut Loveday en se levant pour se retirer. Mais évidemment, je vous télégraphierai si le besoin s'en fait sentir, en utilisant notre code habituel.

Le premier train à quitter Bishopsgate pour Huxwell le matin suivant comptait donc parmi ses passagers Loveday Brooke, habillée de ce noir élégant censé convenir aux domestiques des classes supérieures. Le seul ouvrage dont elle s'était pourvue afin de tromper l'ennui du voyage était un petit volume recouvert d'une jaquette de papier et intitulé *Les Trésors de la déclamation*. Publié pour le prix modique d'un shilling, il semblait particulièrement indiqué pour répondre aux desiderata de ces comédiens de second ordre amateurs de littérature à trois sous.

Miss Brooke se montra tout au long de la première partie de son voyage extrêmement absorbée par le contenu de son ouvrage. Durant la seconde partie, elle se laissa aller en arrière sur son siège, les yeux fermés, et resta ainsi immobile, comme assoupie ou plongée dans quelque profonde rêverie.

À l'arrivée du train à Huxwell, elle se leva et réajusta sa pèlerine.

Il lui fut aisé de distinguer le groom tiré à quatre épingles de Craigen Court parmi les campagnards qui patientaient sur le quai de la gare. Au même instant, derrière l'élégant groom, quelqu'un d'autre posait les yeux sur elle – c'était Bates, de Scotland Yard, vêtu à la façon d'un voyageur de commerce et qui tenait à la main le bagage typique des gens de cette profession. C'était un petit homme sec et nerveux aux moustaches et aux cheveux roux, dont la contenance était à la fois ardente et famélique.

— Je suis à demi frigorifiée, déclara Loveday à l'adresse du valet de Sir George. Si vous vouliez bien vous charger de ma valise, je préférerais marcher plutôt que de monter avec vous jusqu'à Craigen Court.

L'homme lui fournit quelques indications sur l'itinéraire qu'elle devait emprunter, avant de s'éloigner avec son bagage, lui permettant ainsi de céder à l'évident désir de Mr Bates de l'accompagner sur la petite route de campagne et de l'entretenir en toute discrétion.

Bates semblait, ce matin-là, dans un joyeux état d'esprit.

— C'est une affaire plutôt simple, Miss Brooke. Une véritable sinécure, dirais-je, avec vous qui œuvrerez à l'intérieur du château et moi qui enquêterai à l'extérieur. Il n'y a pas eu de complications jusqu'ici, et si cette fille ne se retrouve pas derrière les barreaux avant une semaine, c'est que je ne m'appelle pas Jeremiah Bates.

— Vous parlez de la jeune femme de chambre française ?

— Comment, euh, oui, bien sûr. Je considère qu'il est peu douteux qu'elle ait assuré la double mission d'ouvrir à la fois le coffre et la fenêtre. Voyez-vous, Miss Brooke, voici comment je considère la chose : toutes les jeunes filles ont des amoureux, voilà ce que j'ai pensé. Or, une fille aussi jolie que cette domestique française doit avoir deux fois plus de prétendants que les autres. Et bien sûr, plus il y a d'amoureux, plus nous avons de chances de trouver un malandrin parmi eux. C'est clair comme de l'eau de roche, vous ne trouvez pas ?

— Oui, ni plus ni moins.

Bates se crut encouragé à poursuivre :

— En réalité, si je continue à raisonner dans le même sens, je me dis que cette fille n'est qu'une jolie petite sotte et pas une criminelle chevronnée, ou alors elle n'aurait pas reconnu avoir laissé ouverte la porte du coffre. Donnez-lui assez de corde et elle se pendra elle-même. Si on la laisse tranquille, dans un jour ou deux elle va déguerpir pour rejoindre le gaillard dont elle a contribué à garnir le nid, et nous les attraperons tous les deux entre ici et le Pas-de-Calais. Peut-être même découvrirons-nous des indices qui nous mèneront sur les traces de leurs complices. Alors, Miss Brooke, est-ce que cela n'en vaut pas la peine ?

— Sans aucun doute. Mais qui est donc cette personne qui arrive en buggy à si vive allure ?

Tandis qu'elle posait la question, le fracas des roues derrière eux l'incita à regarder autour d'elle.

Bates se retourna lui aussi.

— Oh ! c'est le jeune Holt. La ferme de son père s'étend à quelques miles d'ici. C'est un des prétendants de Stéphanie et, j'imagine, sans doute le meilleur du lot, même s'il ne semble pas être son préféré. D'après ce que j'ai entendu, c'est quelqu'un d'autre qui doit avoir fait le coup à la sauvette. Je me suis même laissé dire que, depuis le cambriolage, la jeune femme s'est montrée plutôt froide envers lui.

Tandis que le jeune homme en buggy s'approchait d'eux, il ralentit, et Loveday ne put s'empêcher d'apprécier son approche franche et directe.

— J'ai de la place pour une personne – puis-je emmener quelqu'un ? interrogea-t-il alors qu'il arrivait à leur hauteur.

À l'évident mécontentement de Bates, qui avait tablé sur une discussion d'au moins une heure avec elle, Miss Brooke accepta l'offre du jeune paysan et monta dans le véhicule à son côté.

Alors qu'ils progressaient à vive allure sur la petite route de campagne, Loveday expliqua au jeune homme qu'elle se dirigeait vers Craigen Court et que, étant étrangère à la région, elle devait se fier à lui pour qu'il la déposât sur la route à l'endroit le plus proche.

Son visage s'assombrit à la seule mention de Craigen Court.

— Ils ont des ennuis là-bas, et leurs ennuis en ont causé à d'autres, lâcha-t-il avec quelque amertume.

— Je sais, enchaîna Loveday sur un ton de sympathie. C'est souvent comme cela. Dans de telles circonstances, le soupçon se porte sur des personnes parfaitement innocentes.

— Tout à fait, c'est bien cela ! s'exclama-t-il tout excité. Quand vous serez dans cette maison, vous entendrez dire toutes sortes de méchancetés à son sujet et vous verrez que tout se ligue contre elle. Pourtant, elle est innocente. Je vous assure qu'elle est tout aussi innocente que vous ou moi.

Sa voix résonnait par-dessus le fracas des sabots de son cheval. Il ne parut pas s'apercevoir qu'il n'avait cité aucun nom et que Loveday, étant étrangère, devait être bien incapable de saisir à qui il faisait allusion.

— Quant à savoir qui est le coupable, Dieu seul le sait, ajouta-t-il après un instant de silence. Ce n'est pas à moi de dire du mal de qui que ce soit dans cette maison. Je dis seulement qu'elle est innocente et que je gagerais ma vie sur ce fait.

— Elle a bien de la chance d'avoir trouvé quelqu'un qui croie en elle et lui fasse confiance ainsi, enchaîna Loveday avec plus de compassion encore que la première fois.

— Vous croyez ? Alors j'aimerais qu'elle fasse plus de cas de cette chance, répondit-il, amer. La plupart des filles, dans sa situation, seraient heureuses d'avoir un homme à leurs côtés pour le meilleur comme pour le pire. Mais pas elle ! Depuis la nuit de ce maudit cambriolage, elle refuse de me voir – elle ne veut même pas répondre à mes lettres, ni m'envoyer le moindre message. Pourtant, bon Dieu, je l'épouserais demain si j'en avais l'opportunité – et que les gens osent alors dire le moindre mot contre elle...

Il cravacha son poney. Les haies paraissaient littéralement voler de chaque côté de la voiture et, avant que Loveday ne se rendît compte qu'elle avait effectué la moitié du trajet, il avait tiré sur les rênes et l'aidait à descendre devant l'entrée de service de Craigen Court.

— Vous lui transmettrez ce que je vous ai dit, si vous en avez la possibilité, et vous la prierez d'accepter de me voir, ne serait-ce que cinq minutes, la supplia-t-il avant de remonter sur son buggy.

Loveday, tandis qu'elle remerciait le jeune homme de sa délicate attention, lui promit alors de faire en sorte de transmettre le message à la jeune fille.

Mrs Williams, la gouvernante, accueillit Loveday dans le hall de service et la conduisit à sa chambre pour qu'elle puisse se défaire de ses vêtements de voyage. Veuve d'un marchand londonien, elle était un peu plus qu'une maîtresse de maison traditionnelle de par son langage et ses manières. C'était une femme plutôt plaisante, pleine d'entrain, et elle entra aussitôt en conversation avec Loveday. On apporta le thé et elles se sentirent bientôt fort à l'aise l'une avec l'autre. Loveday, dans le cours de cet entretien agréable et détendu, lui extorqua toute l'histoire des événements du jour du vol, le nombre et les noms des invités qui avaient participé au dîner ce soir-là, de même que quelques autres détails apparemment insignifiants.

La gouvernante n'essaya en rien de déguiser la position inconfortable dans laquelle chacun des domestiques et elle-même s'étaient trouvés à ce moment-là.

— Aucun d'entre nous n'est plus à l'aise avec les autres désormais, précisa-t-elle tandis qu'elle versait du thé brûlant à Loveday et entretenait un feu ardent. Chacun s'imagine que les autres le soupçonnent et essayent de glaner des preuves à partir de paroles ou d'actions passées. C'est comme si toute la maisonnée était recouverte d'un nuage. Et justement en cette période de l'année qui devrait être, par définition, la plus réjouissante.

Elle jeta à cet instant un coup d'œil lugubre au gros bouquet de houx et de gui qui pendait du plafond.

— Je suppose que vous étiez généralement très guillerets, là en bas, à l'époque de Noël, enchaîna Loveday, avec les bals des domestiques, les représentations artistiques et toutes ces sortes de choses...

— Sûrement que nous l'étions ! Quand je pense que nous nous amusions tant l'année dernière à pareille époque, je peux à peine croire que nous nous trouvions dans la même maison. Notre bal suit toujours celui de Milady, et nous avons l'autorisation d'y inviter nos amis, et cela aussi tard que cela nous chante. On commence donc la soirée par un concert et par des interprétations poétiques, ensuite on passe au souper, et puis on danse jusqu'au matin. Mais cette année-ci...

Elle s'abandonna à son trouble, avec un profond et mélancolique hochement de la tête qui en disait long.

— Je suppose, interrogea Loveday, que certains de vos amis sont des musiciens ou des récitants de talent ?

— Oui, pleins de talent en vérité. Sir George et Lady Cathrow sont toujours présents pour la première partie de nos soirées et j'aurais voulu que vous puissiez voir Sir George, l'année dernière, riant à gorge déployée à la vue de Harry Emmett, qui était habillé en prisonnier, avec un morceau d'étoupe à la main, en train d'interpréter *Le Forçat Gentilhomme* ! Sir George a même dit que si ce jeune homme était monté sur scène, il aurait fait fortune.

— Juste une demie, je vous prie, fit Loveday en tendant sa tasse. Et qui était-ce, ce Harry Emmett ? Le galant de l'une des servantes ?

— Oh ! il aurait bien flirté avec toutes, mais il n'était le prétendant d'aucune en particulier. C'est le valet de pied du colonel James, un grand ami de Sir George, et Harry effectuait de constantes allées et venues, apportant des messages de son maître. Je crois que son père conduisait un cab à Londres, et que Harry a fait de même à une époque. Ensuite, il lui est venu à l'idée de devenir le valet d'un gentleman, et il a donné toute satisfaction en tant que tel. C'était un jeune homme si beau, si brillant, si plein de gaieté, que tout le monde appréciait. Mais je vous fatigue avec toutes mes histoires. Et je suppose que vous, naturellement, vous préféreriez parler de quelque chose de tout à fait différent.

La gouvernante soupira, comme si la pensée de l'ennuyeux cambriolage lui était à nouveau revenue à l'esprit.

— Mais pas du tout. Je m'intéresse beaucoup à vous et à vos festivités. Et cet Emmett, il est toujours dans le voisinage ? J'aimerais beaucoup l'entendre jouer la comédie.

— Je suis désolée de devoir vous apprendre qu'il a quitté le colonel James il y a environ six mois. Dans un premier temps, on l'a beaucoup regretté. C'était un brave jeune homme, d'une grande magnanimité. D'après ses dires, il devait s'en aller veiller sur sa chère vieille grand-mère, qui tenait quelque part une petite boutique de friandises, mais je ne me rappelle plus à quel endroit.

Loveday était maintenant appuyée en arrière sur sa chaise, les paupières baissées si bas qu'elle regardait littéralement à travers de minces fentes. Et soudain, de façon abrupte, elle modifia le cours de la conversation.

— Quand pensez-vous que je pourrai visiter le cabinet de toilette de Lady Cathrow ? s'enquit-elle.

La gouvernante jeta un coup d'œil à sa montre.

— Maintenant, tout de suite, répondit-elle. Il est cinq heures moins le quart. Milady monte se reposer une demi-heure dans sa chambre avant de s'habiller pour le dîner.

— Est-ce que Stéphanie est toujours au service de Lady Cathrow ? interrogea Miss Brooke tandis qu'elle accompagnait la gouvernante par l'escalier de service, à l'étage des chambres.

— Oui. Sir George et Lady Cathrow ont été la bonté même à notre égard pendant cette période éprouvante. Ils affirment que nous sommes tous innocents jusqu'à ce que notre culpabilité soit prouvée, et qu'ils feront en sorte que nos devoirs ne soient gênés en aucune manière.

— Mais j'imagine que Stéphanie ne doit pas être en état d'accomplir le sien ?

— En effet, pas vraiment. Après que les inspecteurs ont débarqué, elle est devenue véritablement hystérique pendant deux ou trois jours, et cela du matin au soir. Mais maintenant elle est plutôt maussade, elle ne mange rien, ne pipe mot à aucun d'entre nous, sauf si elle y est forcée. Mais voici le cabinet de toilette de Milady. Entrez, je vous en prie !

Loveday pénétra dans une grande pièce luxueusement meublée et se dirigea tout naturellement vers le principal centre d'intérêt, à savoir le coffre métallique inséré dans le mur qui séparait le cabinet de toilette de la chambre à coucher.

C'était un coffre d'un modèle ordinaire, muni d'une solide porte d'acier et d'une serrure Chubb. En travers de la porte, quelqu'un avait écrit à la craie, en lettres provocantes à la fois par leur taille et par leur épaisseur, ces mots : À LOUER NON MEUBLÉ.

Loveday demeura près de cinq minutes face au coffre. Toute son attention était concentrée sur l'épaisse inscription. Elle sortit de son calepin un fin feuillet de papier calque et en compara l'écriture, lettre par lettre, avec celle de la porte. C'est seulement ensuite qu'elle se tourna vers Mrs Williams et se déclara prête à la suivre vers l'issue que les voleurs avaient empruntée.

Mrs Williams parut surprise, et son avis sur les capacités professionnelles de Miss Brooke dut fort considérablement s'amenuiser.

— Ces messieurs les inspecteurs, fit-elle, ont passé plus d'une heure dans cette pièce. Ils ont sondé le sol, mesuré les chandelles et...

— Mrs Williams, l'interrompit Loveday, je suis tout à fait disposée à visiter la pièce du dessous.

Son comportement avait brutalement changé. Elle ne s'exprimait plus sur le ton du bavardage amical, mais sur celui de la femme d'affaires assurée par la dureté de sa profession.

Sans plus rien ajouter, Mrs Williams lui montra le chemin jusqu'à la petite pièce qui s'était révélée être le point faible de la maison.

Elles y pénétrèrent par la porte qui donnait dans le couloir conduisant à l'escalier de service de la demeure. Loveday trouva la pièce exactement comme Mr Dyer la lui avait décrite. Elle n'eut pas besoin de s'y reprendre à deux fois pour saisir avec quelle facilité quelqu'un pouvait l'ouvrir de l'extérieur et y entrer une fois le verrou défait.

Loveday ne perdit pas de temps. À la surprise de Mrs Williams, et à sa déception aussi, elle se contenta de traverser la pièce, entrant par une porte et sortant par une autre, qui ouvrait sur le grand hall de la demeure.

C'est alors seulement qu'elle s'arrêta pour poser une question :

— Cette chaise est-elle toujours exactement placée dans cette position ? demanda-t-elle en désignant un siège de chêne qui se trouvait juste à la sortie de la pièce qu'elles venaient de quitter.

La gouvernante répondit par l'affirmative. C'était un lieu chaleureux.

— Milady tient beaucoup à ce que toute personne qui arrive ici, porteuse d'un message, dispose, pour attendre, d'un endroit confortable.

— Bon, je serais heureuse maintenant que vous me montriez ma chambre, plaça Loveday de façon abrupte. Et seriez-vous assez aimable de me faire remettre un annuaire commercial des environs, si par hasard vous en avez un dans la maison ?

Mrs Williams, avec un air de dignité offensée, la guida à nouveau sur le trajet qui conduisait aux chambres. La gouvernante se sentait comme blessée dans son orgueil par le manque d'intérêt que Miss Brooke avait porté aux pièces qu'elle-même considérait alors comme l'attraction de la maison.

— Voulez-vous que j'envoie quelqu'un vous aider à défaire vos bagages ? demanda-t-elle avec quelque raideur, sur le seuil de la chambre de Loveday.

— Non, je vous remercie. Je n'ai pas grand-chose à déballer. Je dois repartir par le premier train demain matin.

— Demain matin ? Mais pourquoi ? J'ai dit à tout le monde que vous alliez rester ici au moins une quinzaine de jours.

— Ah, eh bien dans ce cas vous expliquerez que j'ai été subitement rappelée chez moi par un télégramme. Je suis sûre de pouvoir vous faire confiance pour présenter des excuses à ma place. Néanmoins, n'en parlez pas avant le dîner. J'aimerais descendre prendre ce repas avec vous tous. Je suppose que je pourrai voir Stéphanie à cette occasion ?

La gouvernante répondit par l'affirmative et s'en alla. Elle s'interrogeait sur les manières étranges de cette dame qu'elle avait été disposée, au départ, à considérer comme quelqu'un d'aimable, de charmant et de sociable.

Au moment du repas, alors que les premiers domestiques étaient rassemblés pour ce qui, selon eux, devait être le repas le plus agréable de la journée, ils eurent une énorme surprise : Stéphanie n'occupait pas à table sa place habituelle. Une jeune bonne, qu'on avait envoyée la prévenir, revint en disant qu'elle avait trouvé la chambre vide et que Stéphanie n'était nulle part.

Loveday et Mrs Williams se rendirent ensemble dans la chambre de la jeune fille. Elle avait conservé son aspect habituel : on n'y avait apparemment préparé aucun bagage et, hormis son chapeau et son manteau, la servante ne semblait avoir rien emporté avec elle.

En se renseignant, on s'aperçut que Stéphanie avait comme à son accoutumée aidé Lady Cathrow à s'habiller pour le dîner, mais qu'après cela nulle âme dans la maisonnée ne l'avait plus revue.

Mrs Williams considéra l'incident comme assez important pour être rapporté à son maître et à sa maîtresse. Sir George à son tour envoya promptement un messager à Mr Bates, qui séjournait au King's Head, afin de le convoquer aux fins d'une consultation immédiate.

Loveday, elle, dépêcha un messager dans une autre direction, à la ferme du jeune Mr Holt, en lui fournissant tous les détails de la disparition de la jeune fille.

Mr Bates eut un bref entretien avec Sir George, dans le bureau de celui-ci, d'où il émergea tout triomphant. Il fit en sorte de rencontrer Loveday avant de quitter la résidence en lui présentant la requête pressante de bien vouloir lui parler quelques instants dans l'allée extérieure.

Loveday se coiffa de son chapeau et alla à sa rencontre. Elle le trouva dansant presque d'allégresse.

— Je vous l'avais bien dit, hein ? Je vous l'avais bien dit ! N'est-ce pas, Miss Brooke ? s'exclama-t-il. On retrouvera ses traces avant l'aube, ne craignez rien. Je suis prêt. J'ai toujours su ce qu'elle avait à l'esprit. Je me suis dit : quand cette fille mettra les bouts, ce sera après avoir habillé sa maîtresse pour dîner – au moment où elle a deux bonnes heures libres devant elle, où son absence de la maison ne peut être remarquée et où elle peut donc sans difficulté aucune prendre le train qui quitte Huxwell pour Wreford. Eh bien, elle arrivera en sécurité à Wreford, mais à partir de Wreford elle sera suivie à chaque pas qu'elle fera. J'y ai justement placé un homme hier – c'est un type rusé pour ce genre de chose – et je lui ai livré des instructions complètes. Il la traquera littéralement jusqu'à sa tanière. Elle n'a rien emporté avec elle, comme vous le savez. Mais qu'est-ce que cela peut faire ? Elle pense qu'elle trouvera tout ce qu'elle veut là où elle va – « le petit nid » dont je vous ai parlé ce matin. Ha, ha, ha ! Eh bien, au lieu de s'y réfugier, comme elle se l'imagine, elle va foncer tout droit dans les bras de mon inspecteur et, par la même occasion, jeter son petit ami dans de beaux draps. On les aura tous deux saisis au nid avant que quarante-huit heures ne se soient passées, ou alors je ne m'appelle plus Jeremiah Bates.

— Et vous, qu'est-ce que vous allez faire maintenant ? interrogea Loveday comme le bonhomme achevait son long discours.

— Maintenant ? Je retourne au King's Head et je vais attendre le télégramme de mon collègue de Wreford. Une fois qu'elle sera en face de lui, il me fera savoir à quel endroit je peux le retrouver. Voyez-vous, mademoiselle, comme Huxwell est un endroit éloigné de tout, et comme il n'y a qu'un train qui y passe entre sept heures trente et dix heures un quart, nous sommes presque sûrs que Wreford sera sa destination, et cela délivre mon esprit de toute angoisse en la matière.

— Vous croyez vraiment ? demanda gravement Loveday. Moi je vois au moins une autre destination possible pour cette jeune fille, à savoir le ruisseau qui court à travers la forêt que nous avons dépassée ce matin. Mais, bonne nuit, Mr Bates, il fait froid ici dehors. Naturellement, dès que vous aurez des nouvelles, vous les ferez parvenir à Sir George.

La maisonnée resta éveillée tard ce soir-là. Mais on ne reçut de nulle part de nouvelles de Stéphanie. Mr Bates avait convaincu Sir George qu'il eût été malavisé de se lancer à la poursuite de la fille ; elle aurait pu en avoir vent et hésiter alors à rejoindre la personne qu'il se plaisait à désigner comme son « petit ami ».

— Nous voulons la pister en silence, Sir George, avait-il avancé d'un ton grandiloquent, et alors nous pourrons nous saisir du couple, et peut-être même aussi récupérer le butin.

Sir George avait à son tour transmis les désirs de Mr Bates à toute la maisonnée et, sans le message que Loveday avait envoyé en début de soirée au jeune Holt, personne à l'extérieur n'aurait rien su de la disparition de Stéphanie.

Loveday se leva tôt le matin suivant, et le train de huit heures put la compter parmi ses passagers. Avant de partir, elle fit parvenir un télégramme à son patron à Lynch Court. Il portait, de façon bizarre, les mots suivants :

Pétard amorcé ! Je pars pour Wreford. Vous enverrai un message de là-bas. L. B.

Aussi étrange que cela puisse paraître, Mr Dyer n'eut pas à se reporter à son manuel de cryptographie pour déchiffrer la missive. *Pétard amorcé* était, dans la phraséologie policière de l'agence, un équivalent aisément interprétable pour « Indices découverts ».

Eh bien, elle a été plutôt rapide cette fois ! se dit-il tout en spéculant en lui-même sur la teneur du prochain télégramme. Un constable de Scotland Yard vint le trouver une demi-heure plus tard pour le mettre au courant de la disparition de Stéphanie et des conjectures qui couraient à ce sujet. Il relut alors, ce qui est tout naturel, le télégramme de Loveday à la lueur de cette nouvelle information et conclut que les indices qu'elle avait à sa disposition devaient avoir un rapport avec la découverte de la cachette de Stéphanie et avec sa culpabilité.

Le télégramme qu'il reçut un peu plus tard bouleversa néanmoins toute sa théorie. Il était, comme le précédent, formulé dans ce langage énigmatique pratiqué dans l'officine de Lynch Court, mais comme il était plus long et plus complexe, Mr Dyer fut cette fois forcé d'avoir recours à son manuel.

— Formidable ! Elle leur a coupé à tous l'herbe sous le pied, cette fois-ci ! s'exclama-t-il après l'avoir lu et interprété jusqu'au dernier mot.

Dix minutes plus tard, il avait confié son bureau pour la journée aux soins de son premier clerc et s'était précipité dans la rue à toute vitesse pour prendre un cab en direction de la gare de Bishopsgate, où il eut la chance d'attraper un train qui partait juste pour Wreford.

L'événement du jour, murmura-t-il en s'installant confortablement dans un coin, aura lieu lors du voyage de retour, quand elle me racontera, bribe par bribe, comment elle est parvenue à résoudre tout cela.

Il était presque trois heures de l'après-midi lorsqu'il parvint dans la vieille petite cité marchande de Wreford. Par hasard, c'était justement le jour du marché aux bestiaux, et la gare était encombrée d'éleveurs et de fermiers. Loveday l'attendait dans une berline à l'extérieur de la gare, comme elle le lui avait précisé dans son télégramme.

— Tout va bien, lui dit-elle dès qu'il y fut monté. Il ne pourrait pas s'échapper, même s'il soupçonnait que l'on en a après lui. Deux policiers locaux attendent devant sa porte avec un mandat d'arrêt signé par le juge. En revanche, je ne vois pas pourquoi notre agence de Lynch Court ne pourrait pas tirer bénéfice de cette affaire, et c'est pourquoi je vous ai télégraphié pour que vous procédiez à l'arrestation.

Ils parcoururent toute la Grand-Rue jusqu'aux confins de la ville, où les boutiques se mêlaient peu à peu à des immeubles particuliers transformés en bureaux. Le cab s'arrêta devant l'un d'entre eux, et deux agents de police en uniforme s'avancèrent pour saluer Mr Dyer.

— Il est à l'intérieur pour le moment, monsieur, et il travaille à son bureau, dit l'un des hommes en désignant une porte, juste dans l'entrée, sur laquelle on pouvait lire, en lettres noires : ASSOCIATION de SOUTIEN DES COCHERS du ROYAUME-UNI. Mais j'ai entendu dire que c'était la dernière fois qu'on le trouverait ici, parce qu'il y a une semaine il a annoncé son départ.

Comme il achevait de parler, un homme qui appartenait à l'évidence à la corporation des cochers fit son apparition en haut des marches. Il observa avec curiosité le petit groupe qui se trouvait sous le porche puis, faisant sonner sa monnaie dans sa main, se dirigea vers le bureau comme s'il avait une quelconque cotisation à y régler.

— Auriez-vous l'amabilité de dire à Mr Emmett, fit Mr Dyer en s'adressant à l'homme, qu'un gentleman désire l'entretenir à l'extérieur.

L'homme hocha la tête affirmativement et pénétra dans le bureau. L'ouverture de la porte révéla la présence d'un gentleman âgé assis à un bureau où il était apparemment occupé à rédiger des récépissés. Assis à sa droite, un peu en retrait, à une table sur laquelle trônaient de petites piles de piécettes d'argent et de cuivre, se trouvait un homme jeune d'apparence plutôt belle. L'allure de cet homme était celle d'un gentleman et ses façons étaient affables et plaisantes alors même qu'il acquiesçait d'un hochement de tête et d'un sourire au message du cocher.

— J'en ai juste pour un instant, dit-il à son collègue assis à l'autre bureau.

Il se leva et traversa la pièce en direction de la porte. Dès qu'il l'eut franchie, on la referma immédiatement derrière lui. Il se trouva encerclé de trois solides gaillards, et l'un deux l'informa qu'il avait en sa possession un mandat d'arrêt au nom de Harry Emmett, du chef de complicité dans le cambriolage de Craigen Court, et qu'il « ferait mieux de les suivre calmement, car toute résistance serait inutile ».

Emmett sembla à l'évidence convaincu par cette dernière assertion. Un instant, il devint d'une pâleur mortelle, puis se ressaisit.

— L'un d'entre vous aura-t-il l'amabilité de me prendre mon chapeau et mon manteau ? fit-il d'un air hautain. Je ne vois pas pourquoi je devrais risquer de mourir de froid parce que d'aucuns ont jugé bon de se rendre ridicules.

Son couvre-chef et son vêtement lui furent apportés, et il fut ensuite installé dans le cab entre les deux fonctionnaires de police.

— Laissez-moi vous avertir, jeune homme, dit alors Mr Dyer, fermant la porte du véhicule et dévisageant Emmett un long moment à travers la vitre. Je ne crois pas que le fait d'abandonner un sac noir sur le seuil d'une vieille dame constitue un délit punissable, mais laissez-moi vous dire aussi que s'il n'y avait pas eu ce sac noir, vous auriez pu vous en tirer proprement avec votre butin.

Emmett, impavide, avait une réponse toute prête. Il souleva ironiquement son chapeau à l'attention de Mr Dyer.

— Vous auriez pu énoncer cela plus de façon plus élégante, patron. Si j'avais été à votre place, j'aurais dit : « Jeune homme, vous allez être justement condamné pour vos méfaits. Vous avez dépouillé vos semblables toute votre vie durant, et maintenant ils vont à leur tour se saisir de vous. »

La tâche de Mr Dyer, ce jour-là, ne s'acheva pas avec la déposition de Harry Emmett à la prison locale. Il fallait encore procéder à la fouille du logement et des biens d'Emmett, et il se devait également d'y assister. On retrouva environ le tiers des bijoux perdus, ce qui permit de conclure dès lors que ses complices avaient considéré qu'il avait encouru le tiers des risques et du danger.

Des lettres et diverses notes retrouvées sur les lieux conduisirent à la découverte desdits complices, et même si Lady Cathrow eut à subir la perte de la plus grande partie de ses objets de valeur, elle eut finalement la satisfaction de savoir que chacun des voleurs écopa d'une peine en rapport avec son forfait.

Ce n'est que peu de temps avant minuit que Mr Dyer eut enfin l'occasion de se retrouver assis dans le train en face de Miss Brooke et qu'il eut tout loisir de l'interroger sur les différentes étapes du raisonnement qui l'avaient conduite de si remarquable façon à relier entre eux la découverte du sac noir au contenu insignifiant et l'important cambriolage des bijoux de grande valeur.

Loveday lui expliqua toute l'affaire avec aisance et naturel, pas à pas, selon sa méthode habituelle.

— J'ai lu, dit-elle, les comptes rendus des deux affaires dans le même journal et le même jour, ce qui a été, j'ose le dire, le cas d'un grand nombre de personnes. Et j'ai ressenti, ce qui a également été le cas d'un grand nombre d'autres lecteurs, une même impression de dérisoire chez le principal protagoniste de chacun des deux incidents. J'ai remarqué que, si tous les gens s'accordent à reconnaître la multiplicité des motifs qui contribuent à pousser au crime, peu d'entre eux en revanche admettent l'existence d'un éventail varié de personnalités chez les criminels. Nous sommes toujours prêts à nous imaginer qu'ils rôdent de par le monde avec un tas de raisons malhonnêtes sous le bras, mais nous ne sommes pas capables de nous les représenter à l'œuvre avec le moindre pétillement dans le regard et un véritable sens de l'humour, comme c'est le cas des honnêtes gens qui suivent leur vocation.

Mr Dyer eut à ce moment un léger grognement, mais ce pouvait être aussi bien l'assentiment que la réprobation.

Loveday poursuivit donc :

— Il est un fait que le ton dégagé de la rédaction de la lettre retrouvée dans le sac est évident au lecteur le plus distrait. Les expressions hautement fantaisistes m'ont paru en outre étrangement familières. J'étais persuadée de les avoir lues ou entendues quelque part, même si je ne parvins tout d'abord pas à me rappeler où. Elles résonnaient véritablement à mon oreille, et ce n'est pas sans quelque futile curiosité que je me suis rendue à Scotland Yard pour examiner le sac et son contenu et recopier, à l'aide d'une bande de papier calque, quelques lignes de la lettre. Lorsque je m'aperçus que l'écriture de cette lettre n'était pas semblable à celle des traductions découvertes dans le sac, je fus confirmée dans mon impression que le propriétaire du sac n'était pas l'auteur de la lettre, que probablement le sac et son contenu avaient été dérobés dans une gare des chemins de fer dans un but précis et que, cet objectif une fois atteint, l'usurpateur ne désirait plus s'en encombrer – il s'en défit donc de la manière la plus appropriée. La lettre, me sembla-t-il, avait été commencée dans l'intention d'égarer la police, mais l'irrésistible penchant pour la dérision qui poussa notre auteur à se défaire de ses accessoires religieux devant la maison d'une vieille fille se révéla ici trop fort pour lui et l'entraîna en avant. C'est ainsi que cette lettre qui aurait dû être pathétique finit par être comique.

— Très ingénieux jusqu'ici, murmura Mr Dyer. Je suis sûr que, quand le contenu du sac aura été largement rendu public, quelqu'un se présentera pour le réclamer, et votre théorie en sera ainsi confortée.

— À mon retour de Scotland Yard, poursuivit Loveday, j'ai trouvé la note où vous me demandiez de revenir vous voir au sujet de l'important vol de bijoux. Avant de vous rejoindre, j'ai jugé opportun de relire le compte rendu de l'affaire dans le journal, de façon à être bien au courant de ses détails. Quand j'en suis arrivée aux quelques mots que le voleur avait écrits sur la porte du coffre : À LOUER NON MEUBLÉ, ceux-ci se sont en un seul coup connectés dans mon esprit avec l'expression « le baiser d'un mourant à ma marquise de mère » et avec l'avertissement solennel contre les courses de chevaux et les bookmakers chez l'auteur de la lettre du sac noir. Et c'est alors, comme en un éclair, que tout m'est apparu à l'évidence. Il y a de cela deux ou trois ans, par devoir professionnel, j'ai été conduite à fréquenter de façon continue certaines conférences à trois sous dans les bas quartiers du sud de Londres. Lors de ces minables conférences, de jeunes employés de commerce et d'autres personnes de la même classe sociale, heureux de profiter de la possibilité d'exhiber leurs talents, déclamaient avec la plus grande vigueur. Comme de juste, ils choisissaient des œuvres susceptibles d'être appréciées par un public plutôt varié. Alors que j'assistais à l'une de ces réunions, je remarquai qu'un ouvrage particulier de morceaux choisis était le grand favori parmi les récitants. Je pris la peine de l'acheter. Le voici.

Loveday sortit alors de la poche de son vêtement les *Trésors de la déclamation* et le tendit à son compagnon.

— Si vous jetez maintenant un coup d'œil à la colonne de l'index, dit-elle, vous trouverez les titres des œuvres sur lesquelles je désire attirer votre attention. La première s'intitule *L'Adieu du suicidé* ; la deuxième, *Le Forçat Gentilhomme* ; la troisième *À louer non meublé.*

— By Jove, c'est pourtant vrai ! s'exclama Mr Dyer.

— Dans le premier de ces textes, *L'Adieu du suicidé*, on retrouve certaines des expressions par lesquelles commence la lettre du sac noir – « le jour fatal est arrivé », etc., des mises en garde contre le jeu, des allusions au « pauvre corps sans vie ». *Le Forçat Gentilhomme*, le deuxième texte, recèle des allusions aux relations aristocratiques et au baiser d'un mourant à sa mère, qui est marquise. Quant à la dernière pièce, *À louer non meublé*, c'est un petit poème assez facétieux. J'imagine qu'il a souvent provoqué des rires parmi un public point trop délicat. Il raconte comment un célibataire, qui s'adresse à une maison pour savoir s'il s'y trouve à louer des chambres non meublées, tombe amoureux de la fille de la maison et lui offre son cœur qui, prétend-il, doit être lui aussi conservé non meublé. Elle décline l'offre en lui rétorquant qu'elle pense que c'est sa tête à lui qui a sûrement dû lui être louée non meublée. Dès que j'eus ces trois textes devant moi, il ne me fut pas difficile d'apercevoir le lien entre l'auteur de la lettre du sac noir et le malandrin qui avait écrit sur le coffre vidé de Craigen Court. En suivant ce simple fil, je déterrai l'histoire de notre Harry Emmett, à la fois valet de pied, comédien amateur, joli cœur universel et mauvais garçon. Parallèlement, je comparai l'écriture de mon calque avec celle de la porte du coffre et, en tenant compte de la différence entre un morceau de craie et une plume d'acier, j'en arrivai à la conclusion qu'il ne subsistait que bien peu de doute pour que les deux messages aient été écrits de la même main. J'avais déjà auparavant pu découvrir un autre maillon, qui me semble encore plus déterminant, dans ma chaîne de présomptions – à savoir de quelle façon Emmett avait utilisé son habit sacerdotal.

— Ah oui, et comment avez-vous donc pu découvrir cela ? l'interrompit Mr Dyer en se penchant en avant, les coudes appuyés sur les genoux.

— Au cours de ma conversation avec Mrs Williams, qui m'a paru être quelqu'un des plus sociables, j'ai cité les noms des personnes qui avaient participé au dîner du réveillon de Noël. C'étaient tous des gens connus dans les environs pour leur indéniable respectabilité. Mais, juste avant que le repas ne débute, elle m'a rapporté qu'un jeune clergyman s'était présenté à la porte principale en demandant à parler au prêtre responsable de la paroisse. J'ai cru comprendre que le recteur dîne toujours à Craigen Court à la veille de Noël. Le jeune clergyman a donc raconté qu'un autre ecclésiastique, dont il a d'ailleurs avancé le nom, lui avait assuré que la paroisse avait besoin d'un vicaire. Il était donc venu de Londres afin de proposer ses services. Il s'était rendu au presbytère, et les domestiques lui avaient indiqué l'endroit où se trouvait le révérend. Craignant de perdre ses chances d'obtenir la place, il l'avait poursuivi jusqu'au château. En réalité, le recteur avait effectivement eu besoin d'un vicaire mais il avait offert l'emploi la semaine précédente. Comme il était quelque peu irrité de cette interruption en pleine soirée de festivités, il avait simplement dit au jeune homme qu'il n'avait plus besoin de vicaire. Cependant, voyant combien le pauvre garçon semblait désappointé – je crois même qu'il avait versé une ou deux larmes –, son cœur s'était adouci. Il lui avait proposé de s'asseoir et de se reposer dans le grand hall avant de reprendre à nouveau le chemin de la gare. Il allait même demander à Sir George de lui faire servir un verre de vin. Le jeune homme s'installa donc sur un siège situé dans l'immédiat voisinage de la pièce par où les voleurs sont ensuite entrés. Je suppose qu'il est inutile que je vous dise qui était ce jeune ecclésiastique, ni même que je vous suggère l'idée que, pendant que le domestique allait lui chercher du vin, il vit la voie libre, se faufila dans la petite pièce et tira le loquet de la fenêtre pour laisser entrer ses complices qui, sans nul doute, devaient alors être dissimulés dans le parc. La gouvernante ne se souvenait plus si cet humble jeune prêtre avait avec lui un sac noir. Je n'ai pour ma part aucun doute ni à ce sujet, ni sur le fait qu'il contenait le chapeau, les gants, le col et les vêtements de ville de Harry Emmett, qu'il remit probablement pour regagner son logis de Wreford, où je présume qu'il a emballé les accessoires ecclésiastiques et écrit cette lettre tragi-comique. Quant au sac, je suppose qu'il a dû le déposer au petit matin, avant que nul ne soit levé, sur le seuil de la maison d'Easterbrook Road.

Mr Dyer prit une longue inspiration. Son cœur était envahi d'une admiration sans mélange pour l'habileté de sa collaboratrice, qui décidément ne manquait pas d'intuition. Bientôt, il chanterait sans aucun doute ses louanges, avec la meilleure volonté du monde, à la première personne qui passerait. Il n'avait cependant pas la moindre intention de lui prodiguer, à elle, de compliments excessifs, car ceux-ci peuvent avoir mauvais effet sur les professionnels débutants. Il se contenta de lui dire :

— Oui, je suis très satisfait. Mais dites-moi maintenant comment vous avez fait sortir le bonhomme de sa tanière.

— Oh ! là ce sont les rudiments du métier, répondit Loveday. Mrs Williams m'avait dit qu'il avait quitté son emploi chez le colonel James environ six mois auparavant en prétendant qu'il allait veiller sur sa chère vieille aïeule, qui tenait un commerce de friandises. Elle ne se souvenait pas de l'endroit. Comme j'avais appris que le père d'Emmett était cocher de fiacre, je me suis soudain rappelé l'argot particulier des cochers – vous ne devez pas l'ignorer, j'en suis sûre – dans lequel ils appellent « vieille grand-mère » leur association syndicale, et je me suis aussi souvenue que le local où ils effectuent et reçoivent leurs paiements est qualifié de « boutique de friandises ».

— Ha, ha, ha ! Et cette brave Mrs Williams avait pris tout cela au pied de la lettre, sans doute ?

— Tout à fait ! Elle s'était dit que ce charmant jeune homme avait vraiment bon cœur. J'ai donc naturellement supposé qu'il y aurait une branche de l'association dans la plus proche ville de marché. Un annuaire commercial local a bien vite confirmé ma supposition qu'il y en avait une à Wreford. Comme je gardais à l'esprit l'endroit où le sac noir a été retrouvé, il ne m'a pas été difficile d'établir que le jeune Emmett, sans doute du fait de l'influence de son père et grâce à ses bonnes manières et sa bonne présentation, s'était hissé jusqu'à un poste de confiance dans l'agence de Wreford. Je dois avouer que je ne m'attendais guère à le dénicher comme je l'ai fait, en arrivant sur place, installé comme receveur de l'argent de la semaine. Alors, bien sûr, je suis immédiatement entrée en contact avec la police locale, et j'imagine que vous connaissez la suite.

Mr Dyer se refusa à réprimer davantage son enthousiasme.

— C'est brillant, du début à la fin ! s'exclama-t-il. Cette fois-ci, vous vous êtes surpassée.

— La seule chose qui m'attriste, lui répondit Loveday, c'est de penser au sort de cette pauvre petite Stéphanie.

Les craintes de Loveday à l'égard de Stéphanie seraient heureusement dissipées avant que vingt-quatre heures ne se soient écoulées. Le premier courrier du lendemain matin lui apporta une lettre de Mrs Williams, où celle-ci racontait comment la jeune fille avait été retrouvée avant la tombée de la nuit, à demi morte de peur et de froid, sur la rive du cours d'eau qui traversait les bois de Craigen – découverte surtout « par la personne la mieux placée pour cela, à savoir le jeune Holt, qui était, et est toujours, aussi follement amoureux d'elle. Dieu merci ! au dernier moment le courage lui a manqué. Au lieu de s'élancer dans le courant, elle s'est effondrée, à demi évanouie, juste à côté. Holt l'a ramenée tout droit chez sa propre mère, et c'est là, à la ferme, qu'elle se trouve à présent, sous l'affectueuse protection de tous. »

The Black Bag left on a door-step
Traduit par Alain de Gueldre

Titre des nouvelles dans cette anthologie

Imprimé en France
FROC02n0959040816
16106FR00017B/189/P

9 782702 480915